2016年 新闻出版产业分析报告

中国新闻出版研究院 编

图书在版编目（CIP）数据

2016年新闻出版产业分析报告/中国新闻出版研究院编．—北京：中国书籍出版社，2017.11
ISBN 978-7-5068-6610-1

Ⅰ.①2… Ⅱ.①中… Ⅲ.①新闻工作-文化产业-研究报告中国-2016 ②出版业-研究报告-中国-2016 Ⅳ.①G219.2 ②G239.2

中国版本图书馆 CIP 数据核字（2017）第 286999 号

2016年新闻出版产业分析报告

中国新闻出版研究院编

责任编辑	庞 元
责任印制	孙马飞　马 芝
封面设计	楠竹设计
出版发行	中国书籍出版社
地　　址	北京市丰台区三路居路97号（邮编：100073）
电　　话	（010）52257143（总编室）　　（010）52257140（发行部）
电子邮箱	eo@chinabp.com.cn
经　　销	全国新华书店
印　　刷	北京睿和名扬印刷有限公司
开　　本	787毫米×1092毫米　1/16
印　　张	8
字　　数	180千字
版　　次	2018年3月第1版　2018年3月第1次印刷
书　　号	ISBN 978-7-5068-6610-1
定　　价	288.00元

版权所有　翻印必究

《2016年新闻出版产业分析报告》编撰人员名单

编撰人员名单（按姓氏笔画排序）：

王　青　　王　曦　　孔　娜　　闫　鑫　　张晓斌
宋婷婷　　林　玲　　武　韡　　原　炜　　夏秋娥
康　继　　熊璞刚　　阚若航　　樊　伟　　魏玉山
戴思晶

说　明

本报告基于2016年新闻出版统计年报数据。报告的基础数据采集的时段为2016年1月1日至2016年12月31日，信息采集年度为2016年。

本报告所涉数据的统计范围包括图书出版、期刊出版、报纸出版、音像制品出版、电子出版物出版、印刷复制、出版物发行及出版物进出口等新闻出版业务。本报告的数据依据《中华人民共和国统计法》和《新闻出版统计管理办法》，以及依据其制定的各项新闻出版统计报表制度自下而上采集，并经各省（自治区、直辖市）新闻出版行政管理部门审核并盖章确认。数字出版数据来源于中国新闻出版研究院数字出版研究所；出版传媒上市公司数据来源于上市公司年度报告，出版传媒上市公司股票价格来源于《中国证券报》；国民阅读数据来源于中国新闻出版研究院第十四次全国国民阅读调查。

本报告对2016年新闻出版产业的数据采集、汇总和分析，严格遵循了尊重数据、尊重客观、科学求实的原则，在2016年新闻出版统计年报数据的基础上，采用经济学和统计学分析方法，对2016年新闻出版产业的发展情况进行对比分析，以求严谨客观地反映产业的发展变化及趋势。

本报告统计数据的采集、审核、汇总、分析及报告撰写工作由中国新闻出版研究院完成。

2017年7月

目 录

综述	(1)
第一章 产业结构分析	(6)
1.1 产业总体情况	(6)
1.2 各产业类别总体经济规模综合评价	(14)
1.3 各产业类别增长情况	(15)
第二章 产品结构分析	(17)
2.1 整体结构	(17)
2.2 图书结构	(18)
2.3 期刊结构	(23)
2.4 报纸结构	(24)
第三章 地区结构分析	(28)
3.1 各地区总体经济规模综合评价	(28)
3.2 地区增长情况	(30)
第四章 单位数量及就业人员情况分析	(33)
4.1 单位数量与构成	(33)
4.2 企业法人情况	(34)
4.3 就业人员状况	(37)
第五章 出版传媒集团分析	(39)
5.1 总体情况	(39)
5.2 图书出版集团	(40)
5.3 报刊出版集团	(42)
5.4 发行集团	(43)
5.5 印刷集团	(44)
第六章 出版传媒上市公司分析	(46)
6.1 总体情况	(46)
6.2 经济规模	(47)

6.3　经济效益 ⋯⋯⋯⋯⋯⋯⋯⋯⋯⋯⋯⋯⋯⋯⋯⋯⋯⋯⋯⋯⋯⋯⋯⋯⋯⋯ (63)
　　6.4　业务与经营 ⋯⋯⋯⋯⋯⋯⋯⋯⋯⋯⋯⋯⋯⋯⋯⋯⋯⋯⋯⋯⋯⋯⋯⋯ (66)
第七章　产业基地（园区）情况分析 ⋯⋯⋯⋯⋯⋯⋯⋯⋯⋯⋯⋯⋯⋯⋯⋯⋯ (70)
　　7.1　经济总量规模 ⋯⋯⋯⋯⋯⋯⋯⋯⋯⋯⋯⋯⋯⋯⋯⋯⋯⋯⋯⋯⋯⋯ (70)
　　7.2　数字出版基地（园区）经济规模 ⋯⋯⋯⋯⋯⋯⋯⋯⋯⋯⋯⋯⋯⋯ (71)
附录 ⋯⋯⋯⋯⋯⋯⋯⋯⋯⋯⋯⋯⋯⋯⋯⋯⋯⋯⋯⋯⋯⋯⋯⋯⋯⋯⋯⋯⋯⋯ (75)
　　表1　新闻出版产业结构 ⋯⋯⋯⋯⋯⋯⋯⋯⋯⋯⋯⋯⋯⋯⋯⋯⋯⋯⋯ (75)
　　表2　新闻出版产业结构（比重） ⋯⋯⋯⋯⋯⋯⋯⋯⋯⋯⋯⋯⋯⋯⋯ (76)
　　表3　营业收入在各产业类别的分布 ⋯⋯⋯⋯⋯⋯⋯⋯⋯⋯⋯⋯⋯⋯ (77)
　　表4　资产总额在各产业类别的分布 ⋯⋯⋯⋯⋯⋯⋯⋯⋯⋯⋯⋯⋯⋯ (78)
　　表5　所有者权益（净资产）在各产业类别的分布 ⋯⋯⋯⋯⋯⋯⋯⋯ (79)
　　表6　利润总额在各产业类别的分布 ⋯⋯⋯⋯⋯⋯⋯⋯⋯⋯⋯⋯⋯⋯ (80)
　　表7　出版物拥有情况 ⋯⋯⋯⋯⋯⋯⋯⋯⋯⋯⋯⋯⋯⋯⋯⋯⋯⋯⋯⋯ (81)
　　表8　出版物产品结构表 ⋯⋯⋯⋯⋯⋯⋯⋯⋯⋯⋯⋯⋯⋯⋯⋯⋯⋯⋯ (82)
　　表9　2016年单品种当年累计印数100万册及以上的书籍 ⋯⋯⋯⋯ (83)
　　表10　2016年平均期印数100万册及以上的期刊 ⋯⋯⋯⋯⋯⋯⋯⋯ (90)
　　表11　2016年平均期印数100万份及以上的报纸 ⋯⋯⋯⋯⋯⋯⋯⋯ (91)
　　表12　2016年单品种出版数量100万盒（张）及以上的音像制品 ⋯ (92)
　　表13　2016年单品种出版数量100万张及以上的电子出版物 ⋯⋯⋯ (93)
　　表14　营业收入在各地区的分布 ⋯⋯⋯⋯⋯⋯⋯⋯⋯⋯⋯⋯⋯⋯⋯ (97)
　　表15　利润总额在各地区的分布 ⋯⋯⋯⋯⋯⋯⋯⋯⋯⋯⋯⋯⋯⋯⋯ (98)
　　表16　资产总额在各地区的分布 ⋯⋯⋯⋯⋯⋯⋯⋯⋯⋯⋯⋯⋯⋯⋯ (99)
　　表17　所有者权益（净资产）在各地区的分布 ⋯⋯⋯⋯⋯⋯⋯⋯⋯ (100)
　　表18　在中国内地上市的出版发行和印刷公司
　　　　　2016年基本情况一览表（一） ⋯⋯⋯⋯⋯⋯⋯⋯⋯⋯⋯⋯⋯ (101)
　　表19　在中国内地上市的出版发行和印刷公司
　　　　　2016年基本情况一览表（二） ⋯⋯⋯⋯⋯⋯⋯⋯⋯⋯⋯⋯⋯ (103)
　　表20　在中国内地上市的出版发行和印刷公司
　　　　　2016年12月31日流通股市值表 ⋯⋯⋯⋯⋯⋯⋯⋯⋯⋯⋯⋯ (105)
　　表21　在中国香港上市的出版发行和印刷公司
　　　　　2016年12月31日流通市值表 ⋯⋯⋯⋯⋯⋯⋯⋯⋯⋯⋯⋯⋯ (107)
　　表22　出版发行和印刷上市公司流通市值排名
　　　　　（以2016年12月31日收盘价计算） ⋯⋯⋯⋯⋯⋯⋯⋯⋯⋯ (108)

表 23	在中国内地上市的出版发行和印刷公司 2016 年 12 月 31 日总市值表	（110）
表 24	在中国内地上市的出版发行和印刷公司总市值排名 （以 2016 年 12 月 31 日收盘价计算）	（112）
表 25	在中国内地上市的出版发行和印刷公司营业收入排名	（113）
表 26	在中国内地上市的出版发行和印刷公司利润总额排名	（114）
表 27	在中国内地上市的出版发行和印刷公司平均净资产收益率排名	（115）

综　述

2016年，新闻出版业积极贯彻落实中央要求，把社会效益放在首位，努力实现社会效益与经济效益相统一，不断推进新闻出版业的供给侧结构性改革，进一步推动新闻出版业转型升级和融合发展，挺拔主业，突出主题出版，持续提高优质出版产品供给，实现了行业的良好发展。

新闻出版产业营业收入超过2.3万亿。全国出版、印刷和发行服务实现营业收入23595.8亿元，较2015年增加1939.9亿元，增长9.0%。

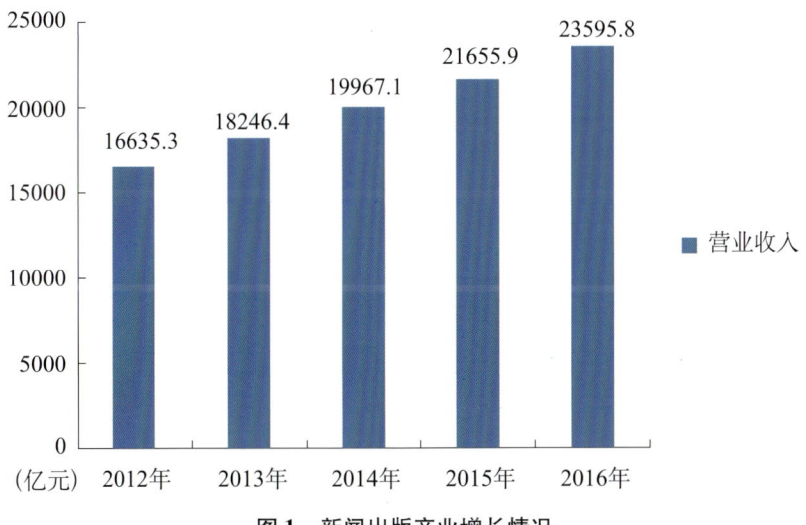

图1　新闻出版产业增长情况

主题出版、主流媒体传播力影响力进一步彰显，服务大局能力持续提升。在年度单品种印数排名前10的书籍中，主题出版品种继续占据半壁江山，《习近平总书记系列重要讲话读本（2016年版）》两个版本当年总印数超过5200万册，《习近平关于严明党的纪律和规矩论述摘编》总印数超过600万册，《全面小康热点面对面》总印数超过200万册。《时事报告》平均期印数超过400万册。《人民日报》《参考消息》和《环球时报》等报纸平均期印数均超过100万份，《人民日报》平均期印数稳居综合类报纸第一。

图书出版结构进一步优化，本土原创文学和少儿类图书表现抢眼。2016年，出版重印图书23.8万种，增加2.2万种，增长10.3%；重印图书51.2亿册（张），增加5.0亿册（张），增长10.9%；重印图书品种与总印数增速均大幅超过新版图书，反映出常销书所占比重进一步提高。书籍单品种平均印数继续增加。少儿图书出版继续保持快速增长,品种4.4万种,增长19.1%,总印数7.8亿册(张),增长40.0%。《平凡的世界》《曹文轩纯美小说·草房子》等8种本土原创文学、少儿类图书当年累计印数均超过100万册。

表1 图书出版品种变动比较

单位:万种,亿册,%

类别	品种 数量	品种 增减数量	品种 增长速度	总印数 数量	总印数 增减数量	总印数 增长速度
全部图书	49.99	2.41	5.07	90.37	3.75	4.32
其中:新版图书	26.24	0.20	0.76	24.08	-0.95	-3.80
重印图书	23.75	2.21	10.28	51.19	5.04	10.92

说明:全部图书总印数包括新版图书、重印图书和租型图书。

数字出版继续保持高速增长,对全行业营业收入增长贡献超2/3。数字出版实现营业收入5720.9亿元,较2015年增加1317.0亿元,增长29.9%,占全行业营业收入的24.2%,提高3.9个百分点;对全行业营业收入增长贡献率达67.9%,提高7.7个百分点,增长速度与增长贡献在新闻出版各产业类别中继续位居第一,已成为拉动产业增长"三驾马车"① 之首。网络动漫营业收入增长250.7%,在线教育营业收入增长39.4%,势头迅猛,增长速度在数字出版所属各类别中名列前茅。

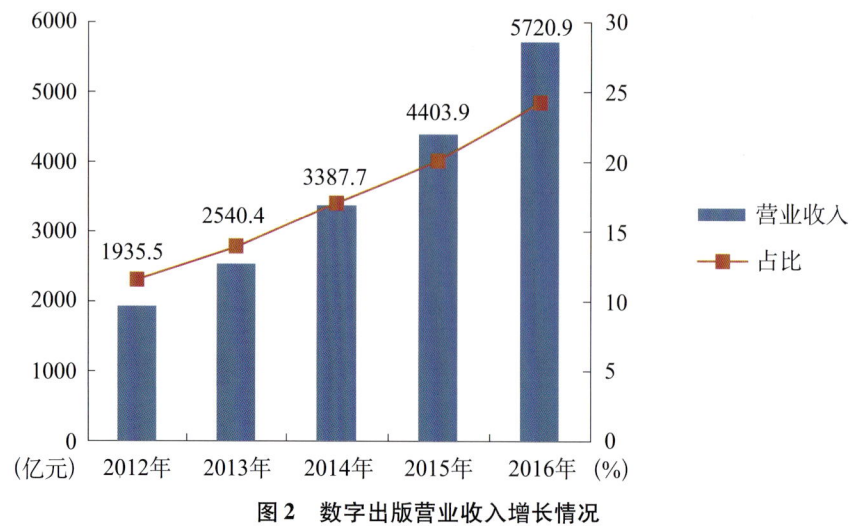

图2 数字出版营业收入增长情况

报刊出版仍面临严峻挑战,报纸出版主要经济指标降幅趋缓。与2015年相比,期刊

---

① 另两个为印刷复制与出版物发行。

出版总印数降低6.3%，总印张降低9.4%；报纸出版总印数降低9.3%，总印张降低18.5%；平均期印数超过百万册（份）的期刊和报纸分别减少3种和1种，平均期印数前10位的报刊总印数继续整体下降。但市场定位和读者对象更为明确的专业类、读者对象类报纸，总印数降幅分别为3.6%和1.0%，低于整体降幅5.7个百分点和8.3个百分点，反映出报纸出版供给侧的专业化、细分化改革成效初显。报纸出版主要经济指标下滑速度趋缓。报纸出版营业收入降低7.6%，较2015年收窄2.7个百分点；利润总额降低15.7%，收窄37.5个百分点。43家报业集团主营业务收入降低2.5%，收窄4.4个百分点；受益于投资收益与补贴收入等大幅增加，利润总额止跌回升，增长59.4%，提高104.5个百分点①；营业利润出现亏损的报业集团29家，减少2家。

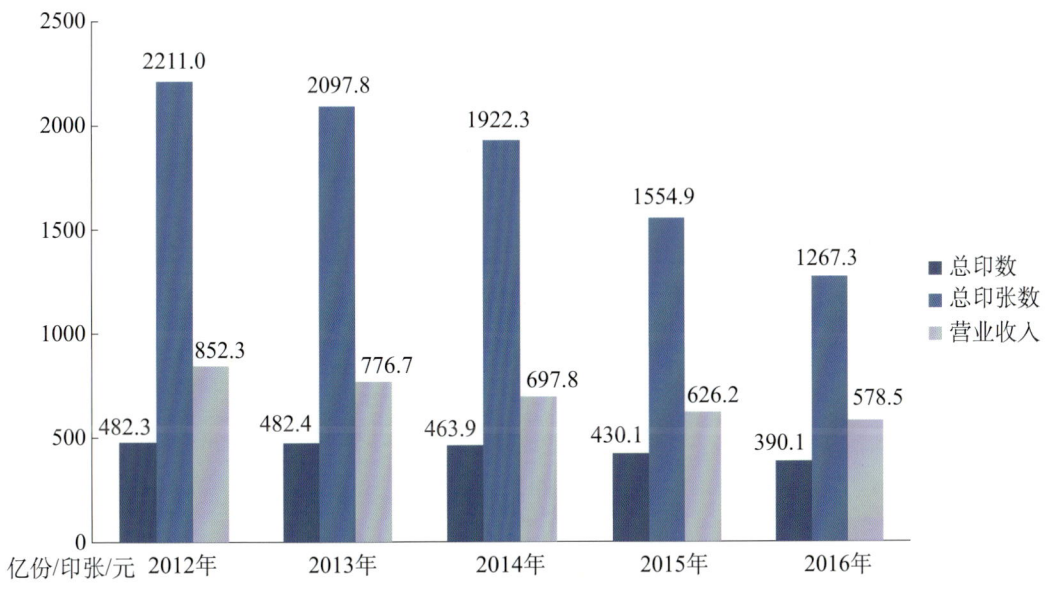

图3 报纸总印数、总印张数与营业收入变动情况

对外版权输出增速加快，数字出版物出口占出版物出口比重进一步提高。2016年，全国共输出版权11133种，较2015年增长6.3%，提高4.6个百分点；其中，输出出版物版权9811种，增长10.7%，提高9.2个百分点，且较引进出版物版权增长速度高出3.2个百分点；电子出版物版权贸易实现大幅顺差，净输出1047种，增长192.5%，输出品种数量为引进品种数量的5.8倍。全国累计出口图书、报纸、期刊、音像制品、电子出版物和数字出版物11010.8万美元②，增长5.0%，其中数字出版物出口3055.3万

---

① 2015年43家报业集团营业利润降低45.1%。
② 此数据仅包含全国拥有出版物进口资质的出版物进出口经营单位及部分开展出版物直接出口业务的出版发行单位数据。另据国家统计局公布的数据，2016年全口径出版物出口额34.7亿美元，较2015年降低3.9%；进口额10.4亿美元，降低7.4%。

美元,增长29.1%,占全部出口金额的27.7%,提高5.1个百分点。

百亿级出版传媒集团集群基本形成,产业规模化集约化程度加深。全国120家图书出版、报刊出版、发行和印刷集团共实现主营业务收入3476.1亿元,较2015年增加474.3亿元,增长15.8%;拥有资产总额6541.5亿元,增加523.4亿元,增长8.7%;实现利润总额296.6亿元,增加49.4亿元,增长20.0%。108家图书出版集团、报刊出版集团和发行集团主营业务收入占全国书报刊出版和出版物发行主营业务收入的74.5%,提高6.9个百分点;拥有资产总额占全国出版发行全行业资产总额的84.0%,提高2.7个百分点;实现利润总额占全国出版发行全行业利润总额的62.6%,提高7.9个百分点。共有16家集团资产总额超过百亿元,其中江苏凤凰出版传媒集团有限公司、安徽出版集团有限责任公司、江西省出版集团公司、湖南出版投资控股集团有限公司、浙江出版联合集团有限公司和安徽新华发行(集团)控股有限公司等6家集团资产总额、主营业务收入和所有者权益均超过百亿元,"三百亿"集团阵营增加2家;湖北长江出版传媒集团有限公司和河北出版传媒集团有限责任公司等2家集团资产总额、主营业务收入均超过百亿元。

上市公司主业挺拔,产出利润快速增长。2016年,33家在中国内地上市的出版传媒公司共实现营业收入1368.9亿元,增加235.1亿元,增长20.7%;实现利润总额170.6亿元,增加36.7亿元,增长27.4%;拥有资产总额2489.4亿元,增加520.8亿元,增长26.5%。江苏凤凰出版传媒股份有限公司、中南出版传媒集团股份有限公司和中文天地出版传媒股份有限公司等3家公司资产总额、营业收入和所有者权益均超过百亿元,共同组成"三百亿"公司阵营;中原大地传媒股份有限公司、安徽新华传媒股份有限公司和北京掌趣科技股份有限公司资产总额首次超过百亿元,"百亿"公司达到11家,占出版传媒上市公司总数的1/3。出版公司主业挺拔,出版、发行、印刷继续保持

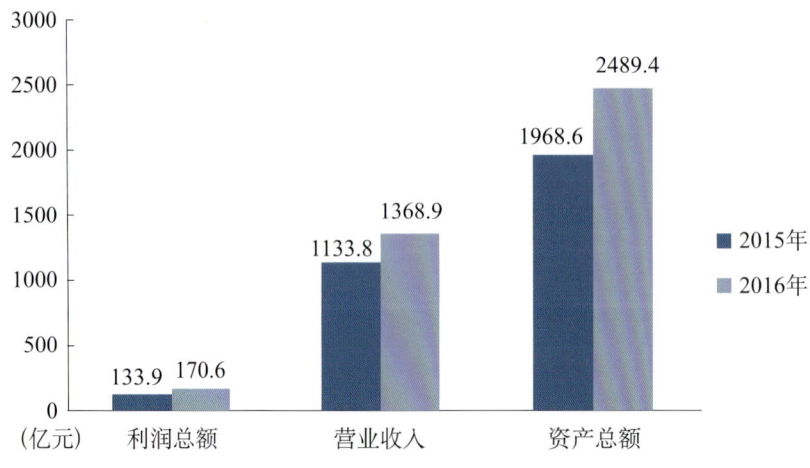

图4 在内地上市的出版传媒公司发展情况

核心主业地位。全部 10 家出版公司的出版、发行、印刷业务收入在营业收入中所占比重平均为 61.0%，其中，7 家公司占比超过 2/3。数字出版、在线教育、新媒体、游戏娱乐、影视文化、大数据等新业态、新领域布局进一步广泛，媒体融合和跨界融合趋势明显，发展势头良好。

民营企业占比继续提高，社会资本参与出版经营活动更趋活跃。2016 年，民营企业共有 12.7 万家，增长 2.8%；占新闻出版企业法人单位数量的 85.0%，提高 1.0 个百分点。在印刷复制企业中，民营企业营业收入占全部营业收入的 89.5%，较 2015 年提高 0.9 个百分点；资产总额占 89.3%，提高 0.9 个百分点；利润总额占 90.3%，提高 0.7 个百分点。在出版物发行企业中，民营企业营业收入占 68.3%，提高 0.7 个百分点；资产总额占 66.7%，提高 1.0 个百分点；利润总额占 68.0%，提高 0.6 个百分点。

新闻出版产业基地（园区）规模进一步壮大，集聚效应进一步显现。2016 年，30 家国家新闻出版产业基地（园区）共实现营业收入 2306.2 亿元，拥有资产总额 2934.5 亿元；其中 14 家国家数字出版基地（园区）营业收入较 2015 年增长 17.4%，资产总额增长 36.6%。7 家基地（园区）营业收入和资产总额均超过百亿元，其中 6 家为数字出版产业基地（园区），新增广东国家网络游戏动漫产业发展基地和西安国家数字出版基地 2 家。上海张江国家数字出版基地营业收入突破 400 亿元。

数字阅读与纸书阅读此长彼长，"听书"正在成为新兴阅读方式。2016 年我国各媒介综合阅读率为 79.9%，较 2015 年略有提高。数字化阅读方式的接触率为 68.2%，提高 4.2 个百分点；成年国民手机阅读率为 66.1%，提高 6.1 个百分点。国民图书阅读率为 58.8%，提高 0.4 个百分点；未成年人图书阅读率为 85.0%，提高 3.9 个百分点。国民听书率达到 17.0%，"听书"正成为国民新兴阅读的重要方式之一。

第一章 产业结构分析

2016年，数字出版继续保持高速增长，营业收入在全行业中占比继续提高；出版物出口金额稳步增长，数字出版物出口大幅提升；电子出版物版权贸易实现大幅顺差。图书出版增长趋缓；报刊出版总印数、总印张和营业收入继续下滑，但报纸出版降幅趋缓；印刷复制主要经济指标增速趋缓，占比继续走低；出版物发行营业收入平稳增长。数字出版、印刷复制和出版物发行仍为拉动新闻出版产业增长的"三驾马车"，数字出版的增长速度和增长贡献率在新闻出版各产业类别中继续遥遥领先，印刷复制与出版物发行的增长贡献率有所下降。

1.1 产业总体情况

1.1.1 经济总量规模

2016年，全国出版、印刷和发行服务实现营业收入23595.8亿元，较2015年增长9.0%；利润总额1792.0亿元，增长7.8%；不包括数字出版的资产总额为22070.3亿元，增长6.2%；所有者权益（净资产）为11245.5亿元，增长6.1%。

表2 主要经济指标

单位：亿元,%

经济指标	金额	较2015年增减
营业收入	23595.79	8.96
资产总额	22070.33	6.22
所有者权益（净资产）	11245.45	6.11
利润总额	1791.99	7.82

说明：表内经济指标均未包括版权贸易与代理、行业服务与其他新闻出版业务，资产总额、所有者权益（净资产）均未包括数字出版。

第一章 产业结构分析

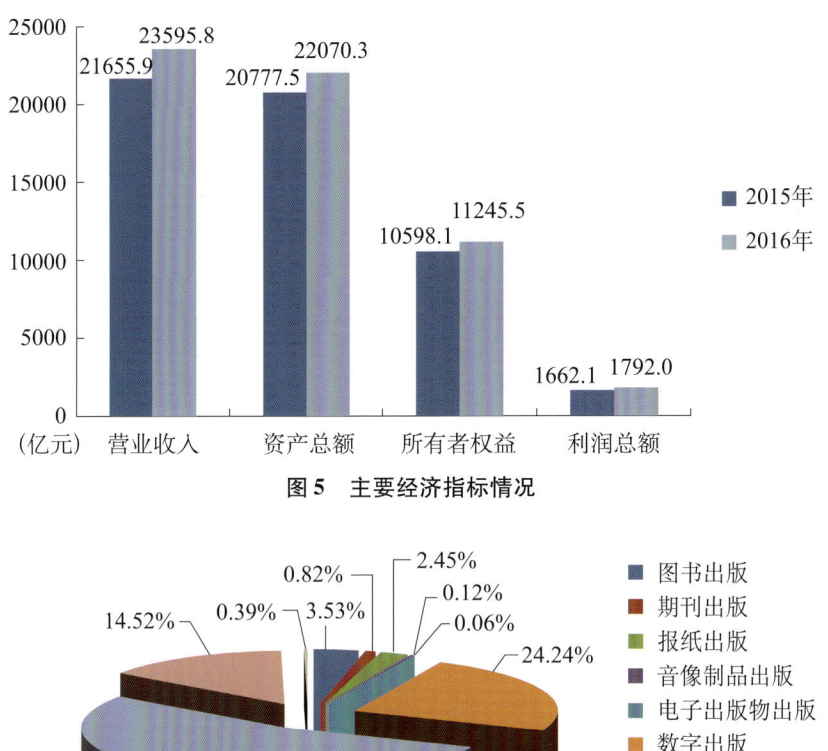

图5 主要经济指标情况

图6 新闻出版产业营业收入构成

表3 新闻出版产业结构

单位：亿元，%

产业类别	营业收入			
	金额	增长速度	比重	比重变动
图书出版	832.31	1.19	3.53	-0.27
期刊出版	193.70	-3.63	0.82	-0.11
报纸出版	578.50	-7.61	2.45	-0.44
音像制品出版	27.51	4.80	0.12	0.00
电子出版物出版	13.20	6.37	0.06	0.00
数字出版	5720.85	29.91	24.24	3.90
印刷复制	12711.59	3.81	53.87	-2.66
出版物发行	3426.61	5.96	14.52	-0.41
出版物进出口	91.52	8.69	0.39	0.00

1.1.2 图书出版总量规模

2016年，全国共出版图书50.0万种，较2015年增长5.1%；总印数90.4亿册（张），增长4.3%；总印张777.2亿印张，增长4.6%；定价总金额1581.0亿元，增长7.1%。图书出版实现营业收入832.3亿元，增长1.2%；利润总额134.3亿元，增长7.2%。

表4 图书出版总量规模

单位：万种，亿册（张），亿印张，亿元,%

总量指标	数量	较2015年增减
品种	49.99	5.07
总印数	90.37	4.32
总印张	777.21	4.58
定价总金额	1580.96	7.10
营业收入	832.31	1.19
利润总额	134.29	7.18

1.1.3 期刊出版总量规模

2016年全国共出版期刊10084种，较2015年增长0.7%；总印数27.0亿册，降低6.3%；总印张152.0亿印张，降低9.4%；定价总金额232.4亿元，降低4.3%。期刊出版实现营业收入193.7亿元，降低3.6%；利润总额25.7亿元，降低2.2%。

表5 期刊出版总量规模

单位：种，亿册，亿印张，亿元,%

总量指标	数量	较2015年增减
品种	10084	0.70
总印数	26.97	-6.29
总印张	151.95	-9.43
定价总金额	232.42	-4.34
营业收入	193.70	-3.63
利润总额	25.68	-2.17

1.1.4 报纸出版总量规模

2016年，全国共出版报纸1894种，较2015年降低0.6%；总印数390.1亿份，降低9.3%；总印张1267.3亿印张，降低18.5%；定价总金额408.2亿元，降低6.0%。报纸出版实现营业收入578.5亿元，降低7.6%；利润总额30.1亿元，降低15.7%。

表6　报纸出版总量规模

单位：种，亿份，亿印张，亿元,%

总量指标	数量	较2015年增减
品种	1894	-0.63
总印数	390.07	-9.31
总印张	1267.27	-18.50
定价总金额	408.20	-6.00
营业收入	578.50	-7.61
利润总额	30.14	-15.74

1.1.5 音像制品出版总量规模

2016年，全国共出版音像制品14384种，较2015年降低6.4%；出版数量2.8亿盒（张），降低6.1%。音像制品出版实现营业收入27.5亿元，增长4.8%；利润总额3.7亿元，降低7.1%。

表7　音像制品出版总量规模

单位：种，盒（张），亿元,%

总量指标	数量	较2015年增减
品种	14384	-6.43
出版数量	2.76	-6.12
营业收入	27.51	4.80
利润总额	3.65	-7.12

1.1.6 电子出版物出版总量规模

2016年，全国共出版电子出版物9836种，较2015年2.5%；出版数量2.9亿张，增长35.6%。电子出版物出版实现营业收入13.2亿元，增长6.4%；利润总额2.4亿元，增长4.3%。

表8　电子出版物出版总量规模

单位：种，亿张，亿元,%

总量指标	数量	较2015年增减
品种	9836	-2.53
出版数量	2.91	35.57
营业收入	13.20	6.37
利润总额	2.42	4.31

1.1.7 数字出版总量规模

2016年，数字出版实现营业收入5720.9亿元，较2015年增长29.9%；利润总额

427.8亿元,增长27.9%。

表9 数字出版总量规模

单位:亿元,%

总量指标	金额	较2015年增减
营业收入	5720.85	29.91
利润总额	427.84	27.89

表10 数字出版的内部构成

单位:亿元,%,百分点

类别	营业收入 金额	增长速度	在数字出版中所占比重	比重变动
互联网广告	2902.70	38.64	50.73	3.19
移动出版	1399.50	32.54	24.46	0.48
网络游戏(不含手机游戏)	827.85	-6.86	14.47	-5.71
在线教育出版服务	251.00	39.44	4.39	0.30
在线音乐	61.00	10.91	1.07	-0.18
电子书	52.00	6.12	0.91	-0.20
网络动漫	155.00	250.68	2.71	1.71
数字期刊(互联网期刊)	17.50	10.41	0.31	-0.05
博客类应用	45.30	283.90	0.79	0.52
数字报纸	9.00	-6.25	0.16	-0.06
合计	5720.85	29.91	100.00	0.00

说明:1. 互联网广告:是指利用网站上的广告位置、文本链接、多媒体的方法,在互联网与移动互联网刊登或发布广告,通过网络传递到互联网用户的一种高科技广告运作方式。

2. 移动出版:是指将经过编辑加工的数字作品以无线通讯技术为手段按照特定的付费方式向移动智能终端用户发布的一种出版形式,包括移动音乐、移动游戏、移动阅读等。

3. 网络游戏:指以互联网为传输媒介,以游戏运营商服务器和用户计算机为处理终端,以游戏客户端软件为信息交互窗口的,旨在实现娱乐、休闲、交流和取得虚拟成就的具有可持续性的个体性多人在线游戏。从渠道上分类,主要包括客户端游戏、网页游戏和社交游戏等;不包含移动游戏。

4. 在线教育出版服务:是指不包括教育类电子书、报、刊,在互联网进行教育资源传播的出版活动。具体包含网络教材、网络教育资源、网络教辅等。

5. 在线音乐:是指通过互联网等各种有线方式传播的音乐作品。主要包括通过互联网提供在电脑终端播放的互联网在线音乐及其增值服务。

6. 电子图书(e-book),是指将信息以数字形式加工,通过计算机网络进行传播,并借助于计算机或类似设备来阅读的图书。仅包括电子图书的内容,不包括作为传播载体的电子书阅读器和电子图书软件。

7. 网络动漫:是指以动画、漫画为表现形式,以互联网和移动互联网为传播途径,以电视、电脑、移动智能终端等硬件设备为传播载体的动漫出版物。

8. 数字期刊(互联网期刊):主要包括传统纸质期刊的数字化,并在互联网上出版;以及以期刊为主要内容,包含文献和学术论文等在内,在互联网上出版的系列知识库。

9. 博客类应用:是博客、微博、轻博客等自媒体应用的统称,这类应用通常由个人管理、不定期张贴新的内容。大部分内容以文字为主,有一些应用专注在艺术、摄影、视频、音乐、播客等各种主题。

10. 数字报纸:是指利用现代信息技术,将传统的报纸内容电子化,并以报纸的原版原式为基础在互联网上发布的一种新媒体;不包括手机报。

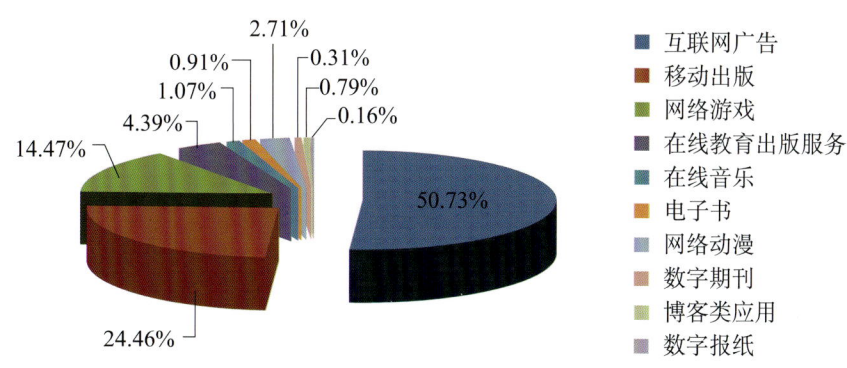

图 7 数字出版营业收入内部构成

1.1.8 印刷复制总量规模

2016 年，全国黑白印刷产量 31517.6 万令，彩色印刷产量 150688.4 万对开色令；装订产量 33668.5 万令。印刷复制（包括出版物印刷、包装装潢印刷、其他印刷品印刷、专项印刷、打字复印、复制和印刷物资供销）实现营业收入 12711.6 亿元，增长 3.8%；利润总额 882.7 亿元，增长 1.2%。

表 11 印刷复制总量规模

单位：亿元,%

总量指标	数量	较 2015 年增减
营业收入	12711.59	3.81
利润总额	882.70	1.23

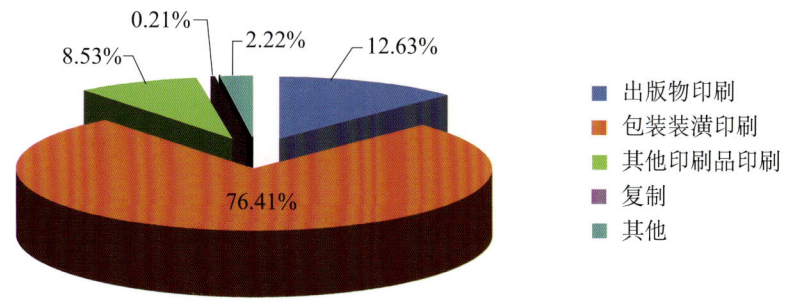

图 8 印刷复制的内部构成

表 12 印刷复制的内部构成

单位：亿元,%

类别	营业收入			
	金额	增长速度	在印刷复制中所占比重	比重变动
印刷	12684.99	3.93	99.79	0.12
其中：出版物印刷	1605.46	3.28	12.63	-0.06

续表

类别	营业收入 金额	增长速度	在印刷复制中所占比重	比重变动
包装装潢印刷	9712.74	4.99	76.41	0.86
其他印刷品印刷	1084.49	-0.82	8.53	-0.40
复制	26.61	-33.43	0.21	-0.12
合计	12711.59	3.81	100.00	0.00

1.1.9 出版物发行总量规模

2016年，全国共有出版物发行网点163102处，较2015年降低0.3%；出版物发行实现营业收入3426.6亿元，增长6.0%；利润总额282.0亿元，增长8.6%。

表13 出版物发行总量规模

单位：处，亿元，%

总量指标	数量	较2015年增减
出版物发行网点	163102	-0.33
营业收入	3426.61	5.96
利润总额	281.97	8.59

1.1.10 出版物进出口总量规模

2016年，全国累计出口图书、报纸、期刊、音像制品、电子出版物、数字出版物数量2181.69万册（份、盒、张），较2015年增长2.7%；金额11010.8万美元，增长5.0%［其中，数字出版物出口3055.3万美元，增长29.1%；全国出版物进出口经营单位累计出口数量1766.9万册（份、盒、张），增长13.7%；金额6043.1万美元，增长3.1%］。全国累计进口图书、报纸、期刊、音像制品、电子出版物、数字出版物数量3119.0万册（份、盒、张），增长10.5%；金额55911.1万美元，增长2.1%。进出口总额66921.9万美元（其中，全国出版物进出口经营单位进出口总额61954.2万美元，增长2.2%）。① 全国出版物进出口经营单位实现营业收入91.5亿元，增长8.7%；利润总额3.3亿元，增长41.5%。

---

① 此数据仅包含全国拥有出版物进口资质的出版物进出口经营单位及部分开展出版物直接出口业务的出版发行单位数据。另据国家统计局公布的数据，2016年全口径出版物出口额34.7亿美元，较2015年降低3.9%；进口额10.4亿美元，降低7.4%。

表14　出版物进出口经营单位进出口总量规模

单位：亿元,%

总量指标	数量	较2015年增减
营业收入	91.52	8.69
利润总额	3.31	41.45

表15　全国出版物对外贸易情况

单位：万册（份、盒、张），万美元

类型	指标	累计出口	累计进口	总额	差额
图书、期刊、报纸	数量	2169.94	3108.18	5278.12	-938.24
	金额	7785.11	30051.73	37836.84	-22266.62
音像制品、电子出版物、数字出版物	数量	11.75	10.81	22.56	0.94
	金额	3225.66	25859.38	29085.04	-22633.72
合计	数量	2181.69	3118.99	5300.68	-937.30
	金额	11010.77	55911.11	66921.88	-44900.34

说明：差额为累计出口减去累计进口之差。正号表示出口大于进口，存在贸易顺差；负号表示出口小于进口，存在贸易逆差。

表16　全国出版物进出口经营单位出版物对外贸易情况

单位：万册（份、盒、张），万美元

类型	指标	累计出口	累计进口	总额	差额
图书、期刊、报纸	数量	1765.52	3108.18	4873.70	-1342.66
	金额	5886.67	30051.73	35938.40	-24165.06
音像制品、电子出版物、数字出版物	数量	1.33	10.81	12.14	-9.48
	金额	156.43	25859.38	26015.81	-25702.95
合计	数量	1766.85	3118.99	4885.84	-1352.14
	金额	6043.10	55911.11	61954.21	-49868.01

说明：同表15。

1.1.11　版权贸易总量规模

2016年，全国共输出版权11133种（其中输出出版物版权9811种），较2015年增长6.3%（其中输出出版物版权增长10.7%）；共引进版权17252种（其中引进出版物版权17174种），增长4.8%（其中引进出版物版权增长7.5%）。2016年，出版引进版图书15416种[1]。

---

[1] 中国版本图书馆CIP登记数据。

表17 对外版权贸易总量规模

单位：种，%

总量指标	数量	较2015年增减
引进	17252	4.77
输出	11133	6.32

表18 出版物对外版权贸易构成

单位：种

类型	引进	输出	总额	差额
图书	16587	8328	24915	-8259
录音制品	119	201	320	82
录像制品	251	18	269	-233
电子出版物	217	1264	1481	1047
合计	17174	9811	26985	-7363

说明：差额为输出减去引进之差。正号表示输出大于引进，存在顺差；负号表示输出小于引进，存在逆差。

1.2 各产业类别总体经济规模综合评价

选取营业收入、增加值、总产出和利润总额4项经济规模指标，采用主成分分析法对图书出版、期刊出版、报纸出版、音像制品出版、电子出版物出版、数字出版、印刷复制、出版物发行和出版物进出口共9个新闻出版产业类别的总体经济规模进行综合评价。印刷复制、数字出版和出版物发行分居前三位，保持稳定。

表19 各产业类别经济规模综合评价

综合排名	产业类别	综合评价得分	2015年排名	排名变化
1	印刷复制	2.3622	1	0
2	数字出版	0.7337	2	0
3	出版物发行	0.1815	3	0
4	图书出版	-0.3577	4	0
5	报纸出版	-0.4846	5	0
6	期刊出版	-0.5572	6	0
7	出版物进出口	-0.6204	7	0
8	音像制品出版	-0.6273	8	0
9	电子出版物出版	-0.6302	9	0

说明：综合评价得分系选取营业收入、增加值、总产出和利润总额四个指标，采用主成分分析方法，通过SPSS直接计算所得，仅用来显示各产业类别的相对位置，负数并不代表负面评价。

印刷复制、数字出版和出版物发行三者营业收入合计21859.1亿元，较2015年增长

9.9%，占全行业营业收入的92.7%，提高0.9个百分点。印刷复制占全行业营业收入53.9%，降低2.7个百分点；数字出版占24.2%，提高3.9个百分点；出版物发行占全行业营业收入的14.5%，降低0.4个百分点。

1.3 各产业类别增长情况

1.3.1 增长速度

以各产业类别营业收入增长速度衡量，前3位降序依次为数字出版、出版物进出口和电子出版物出版。

表20 各产业类别的增长速度

单位：%

排名	产业类别	增长速度
1	数字出版	29.91
2	出版物进出口	8.69
3	电子出版物出版	6.37
4	出版物发行	5.96
5	音像制品出版	4.80
6	印刷复制	3.81
7	图书出版	1.19
8	期刊出版	-3.63
9	报纸出版	-7.61

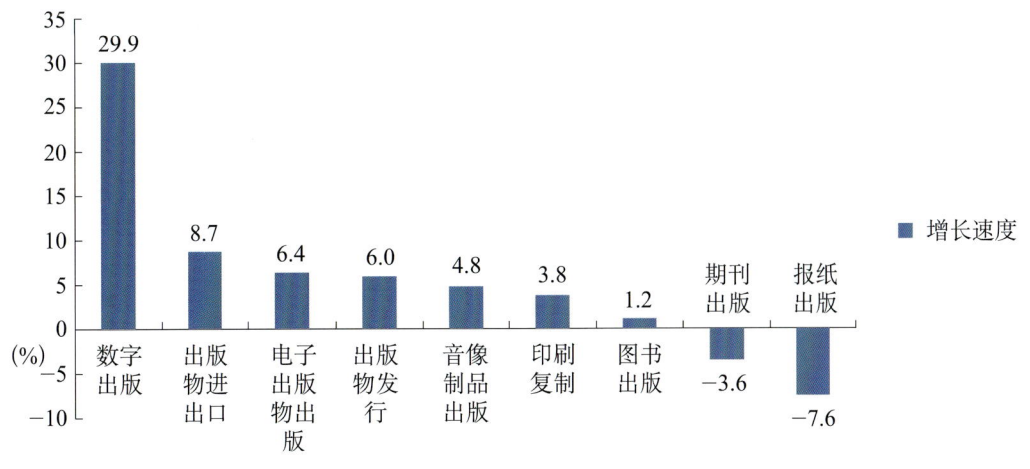

图9 各产业类别的增长速度

1.3.2 增长贡献

以各产业类别营业收入增长额和增长贡献率衡量其对全国新闻出版产业增长贡献，前3位降序依次为数字出版、印刷复制和出版物发行；数字出版占全行业营业收入增长额的67.9%，提高7.7个百分点；印刷复制占全行业营业收入增长额的24.0%，降低5.9个百分点；出版物发行占全行业营业收入增长额的9.9%，降低2.5个百分点。

表21 各产业类别的增长贡献

单位：亿元，%

排名	产业类别	增长额	增长贡献率
1	数字出版	1317.00	67.89
2	印刷复制	466.08	24.03
3	出版物发行	192.60	9.93
4	图书出版	9.76	0.50
5	出版物进出口	7.32	0.38
6	音像制品出版	1.26	0.06
7	电子出版物出版	0.79	0.04
8	期刊出版	－7.29	－0.38
9	报纸出版	－47.65	－2.46
合计	—	1939.87	100.00

说明：各产业类别增长贡献率＝（该产业类别本年营业收入－该产业类别上年营业收入）÷（全行业本年营业收入－全行业上年营业收入）×100%。

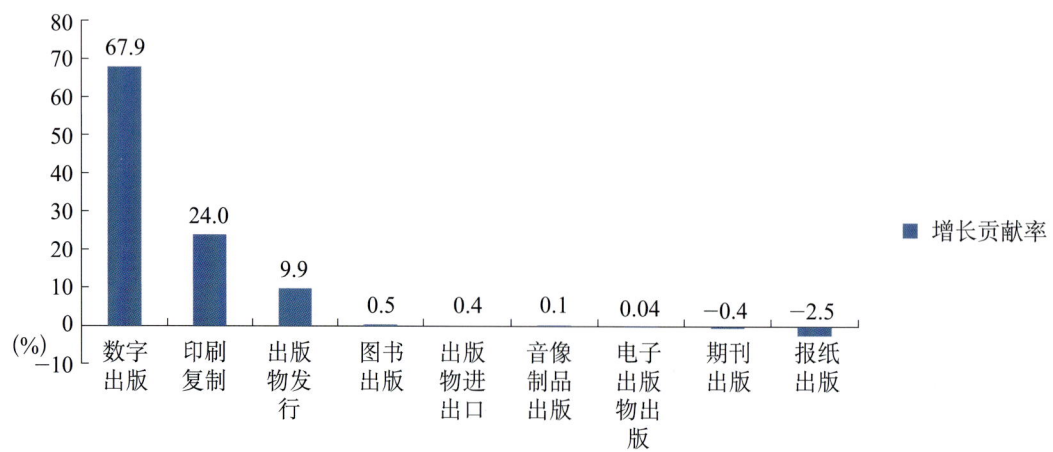

图10 各产业类别的增长贡献率

第二章　产品结构分析

服务大局能力持续增强,在单品种当年累计印数和平均期印数排名前10位的书、报、刊中,主题出版品种继续占据半壁江山,《习近平总书记系列重要讲话读本(2016年版)》当年总印数超过5200万册;《求是》和《人民日报》平均期印数增加,《人民日报》平均期印数稳居综合类报纸第一。人文社科类书籍品种、总印数和单品种平均印数有所增加,课本品种、总印数在图书总品种、总印数中所占比重有所降低;重印图书品种数和总印数增长较快,单品种平均印数增加;5种文学类图书总印数均超过100万册,较2015年增加3种;少儿图书总印数和单品种平均印数显著增长,5种少儿图书总印数均超过100万册,较2015年增加2种。文学、艺术类期刊总印数继续下滑,比重持续降低。全国性报纸、专业类报纸和读者对象类报纸总印数在报纸总印数中所占比重上升,省级报纸、地市级报纸总印数加剧下滑,综合类报纸、生活服务类报纸总印数降幅较大。

2.1　整体结构

2016年全国共出版图书、期刊、报纸、音像制品和电子出版物513.1亿册(份、盒、张),较2015年降低6.8%。其中,出版图书90.4亿册(张),增长4.3%,占全部数量的17.6%;期刊27.0亿册,降低6.3%,占5.3%;报纸390.1亿份,降低9.3%,占76.0%;音像制品2.8亿盒(张),降低6.1%,占0.5%;电子出版物2.9亿张,增长35.6%,占0.6%。

表22　出版物产品结构

单位:亿册(张、份、盒),%,百分点

出版物类型	总印数			
	数量	增长速度	比重	比重变动
图书	90.37	4.32	17.61	1.88
期刊	26.97	-6.29	5.26	0.03

续表

出版物类型	总印数 数量	总印数 增长速度	总印数 比重	总印数 比重变动
报纸	390.07	-9.31	76.03	-2.09
音像制品	2.76	-6.12	0.53	-0.00
电子出版物	2.91	35.57	0.57	0.18
合计	513.08	-6.81	100.00	0.00

说明：音像制品和电子出版物采用出版数量。

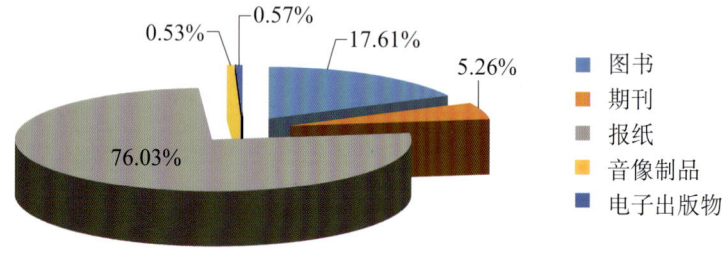

图11　出版物产品结构

2.2　图书结构

图书主要包括书籍①、课本②和图片3类。

2016年，全国出版书籍41.0万种，较2015年增长6.7%，占图书品种数的82.1%；课本8.9万种，降低1.9%，占17.8%；图片445种，降低15.9%，占0.1%。

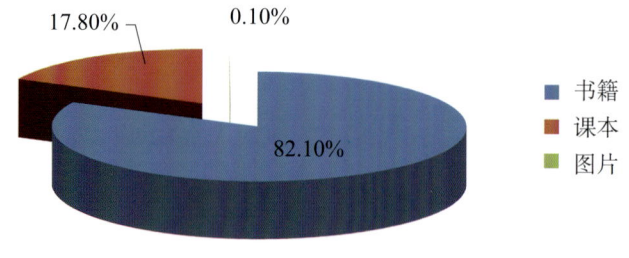

图12　图书品种结构

全国出版书籍57.4亿册，增长7.9%，占图书总印数的63.6%；课本32.8亿册，

---
① 系指使用中国标准书号或统一书号，但不属于课本和图片的出版物。
② 系指使用中国标准书号或统一书号的大专及以上课本、中专技校课本、中小学课本、业余教育课本、扫盲课本和教学用书。

降低 1.3%，占 36.3%；图片 0.04 亿册，增长 22.6%。

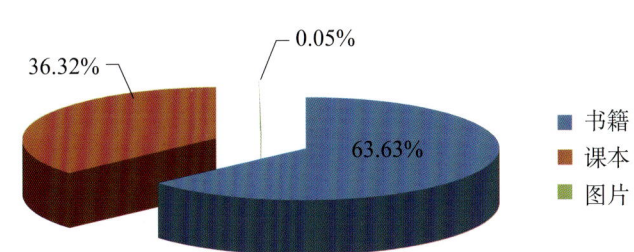

图 13　图书总印数结构

2016 年全国书籍单品种平均印数 13988 册，较 2015 年增加 149 册；课本单品种平均印数 36819 册，增加 229 册。

表 23　图书产品结构

单位：万种，亿册（张），%，百分点

类型	品种				总印数			
	数量	增速	比重	比重变动	数量	增速	比重	比重变动
书籍	41.04	6.74	82.10	1.29	57.41	7.89	63.63	2.07
社科人文	34.52	7.04	69.06	1.28	54.51	8.26	60.42	2.17
科学技术	6.12	4.97	12.24	-0.01	2.60	0.00	2.88	-0.13
综合	0.40	8.11	0.80	0.02	0.30	15.38	0.33	0.03
课本	8.90	-1.89	17.80	-1.28	32.77	-1.28	36.32	-2.09
中学	0.64	-6.33	1.28	-0.17	15.31	-0.39	16.97	-0.81
小学	0.57	-8.62	1.14	-0.18	13.14	-0.91	14.56	-0.78
图片	0.05	-15.88	0.10	-0.01	0.04	22.55	0.05	0.02
合计	49.99	5.07	100.00	0.00	90.22	4.37	100.00	0.00

说明：1. 书籍系指使用国际标准书号，但不属于课本的出版物。本表中，社科文艺类书籍系指属于中国图书分类法马克思列宁主义毛泽东思想邓小平理论、哲学宗教、社会科学总论、政治法律、军事、经济、文化科学教育体育、语言文字、文学、艺术、历史地理 11 大类（A—K）的书籍，科学技术类书籍系指属于中国图书分类法自然科学总论、数理科学和化学、天文学和地球科学、生物科学、医药卫生、农业科学、工业技术、交通运输、航空航天、环境科学和安全科学 10 大类（N—X）的书籍，综合类书籍系指属于中国图书分类法最后一类（Z）的书籍。

2. 课本系指使用国际标准书号的以下各类出版物：(1) 由国家教育行政部门和中央各部委、各地区审定、规划的，列入教材征订目录，供高等学校、电视大学、函授大学等高等教育机构，中等专业学校（包括中等师范学校）、技工学校使用的教材、教材习题解答集，以及对成人进行政治、业务、文化教育所使用的课本，包括广播电台、电视台举办或与其他单位合办的业余讲座使用的课本及其他业余教育课本；(2) 在国家教育行政部门每年春秋两季颁发的《全国普通中小学教学用书目录》和由各省（自治区、直辖市）教育行政部门审定、补充下达的《中小学教学用书目录》中所列的课本、教学挂图和随课本作教材用的习题解答集，以及由省（自治区、直辖市）以上教育行政机关统一规定为各级学校教员必须采用的"教学参考资料"及"教学大纲"（包括少数民族自治州出版社出版，由少数民族自治州教育行政机关规定的此类出版物）；(3) 专供扫盲使用的课本。

3. 图片系指单张或折页的美术画片，包括绘画的印制品和摄影的印制品，年画也归入图片。

4. 以上数据不包含国部标准及小件印品。

2.2.1 书籍

书籍按照内容类型划分为社科人文、科学技术、综合3类。

2016年，全国出版社科人文类书籍34.5万种，增长7.0%，占书籍品种总数的84.1%；科学技术类书籍6.1万种，增长5.0%，占14.9%；综合类书籍0.4万种，增长8.1%，占1.0%。

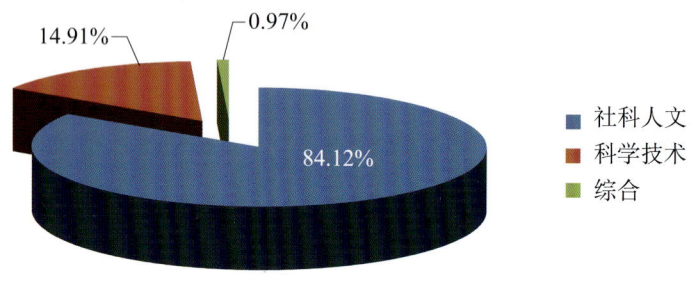

图 14　书籍品种结构

全国出版社科人文类书籍54.5亿册，增长8.3%，占书籍总印数的95.0%；科学技术类书籍2.6亿册，与2015年基本持平，占4.5%；综合类书籍0.3亿册，增长15.4%，占0.5%。

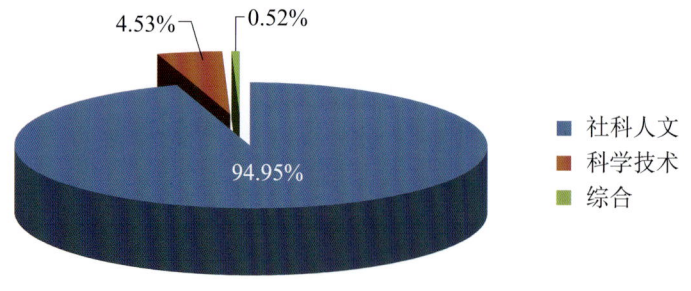

图 15　书籍总印数结构

2016年全国社科人文类书籍单品种平均印数15793册，较2015年增加182册；科学技术类书籍单品种平均印数4241册，减少226册；综合类书籍单品种平均印数7511册，增加519册。

2.2.2 课本

课本划分为大专及以上课本、中学课本、小学课本、中专技校课本、业余教育课本、扫盲课本和教学用书7类。

2016年，全国出版中学课本0.6万种，降低6.3%，占课本品种数的7.2%；小学课本0.6万种，降低8.6%，占6.4%。中小学课本合计1.2万种，占课本品种数的

13.6%，图书品种数的 2.4%，较 2015 年减少 0.4 个百分点。

全国出版中学课本 15.3 亿册，降低 0.4%，占课本总印数的 46.7%；小学课本 13.1 亿册，降低 0.9%，占 40.1%。中小学课本合计 28.4 亿册，占课本总印数的 86.8%，图书总印数的 31.5%，较 2015 年减少 1.6 个百分点。

2.2.3 新版与重印图书

2016 年全国出版新版图书 26.2 万种，较 2015 年增长 0.8%；占图书品种总数的 52.5%，较 2015 年减少 2.2 个百分点；重印图书 23.8 万种，增长 10.3%；占 47.5%，提高 2.2 个百分点。重印图书与新版图书品种之比由 2015 年的 1:1.2 变为 1:1.1。

图 16　新版与重印图书品种结构

全国出版新版图书 24.1 亿册，降低 3.8%；占图书总印数的 26.7%，减少 2.3 个百分点；重印图书 51.2 亿册，增长 10.9%；占 56.6%，提高 3.4 个百分点。重印图书与新版图书总印数之比由 2015 年的 1.8:1 变为 2.1:1。

2016 年全国新版图书单品种平均印数 9178 册，较 2015 年降低 434 册；重印图书单品种平均印数 21554 册，增加 122 册。

表 24　新版图书与重印图书品种、总印数结构

单位：万种，亿册（张），%，百分点

类型	品种 数量	品种 增速	品种 比重	品种 比重变动	总印数 数量	总印数 增速	总印数 比重	总印数 比重变动
全部图书	49.99	5.07	100.00	0.00	90.37	4.32	100.00	0.00
其中：新版	26.24	0.76	52.49	-2.24	24.08	-3.80	26.65	-2.25
重印	23.75	10.28	47.51	2.24	51.19	10.92	56.64	3.36

说明：全部图书总印数包括新版图书、重印图书和租型图书。

2.2.4 少儿图书

2016 年全国出版少儿图书 4.4 万种，增加 0.7 万种，增长 19.1%；其中新版图书 2.5 万种，增加 0.3 万种，增长 15.0%。

全国出版少儿图书7.8亿册（张），增加2.2亿册（张），增长40.0%；其中新版图书3.8亿册（张），增加0.9亿册（张），增长28.7%。

2016年全国少儿图书单品种平均印数17825册，较2015年增加2658册；其中新版图书15141册，增加1614册。

2.2.5 当年累计印数超过百万册书籍

《习近平总书记系列重要讲话读本（2016年版）》《习近平关于严明党的纪律和规矩论述摘编》等109种书籍当年单品种累计印数达到或超过100万册。其中，《习近平总书记系列重要讲话读本（2016年版）》两个版本合计超过5200万册，《习近平关于严明党的纪律和规矩论述摘编》超过600万册，《全面小康热点面对面》超过200万册；《平凡的世界》等5种文学图书和《曹文轩纯美小说·草房子》等5种少儿图书总印数均超过100万册。2016年单品种累计印数排名前10位的书籍，详见表25。

表25　2016年单品种累计印数排名前10位的书籍

排名	书籍名称	出版单位	新出或重印
1	习近平总书记系列重要讲话读本（2016年版，32开）	学习出版社	新出
2	中国共产党章程（64开平装）	人民出版社	重印
3	上海市民科学健身知识读本	上海科学普及出版社	新出
4	奋发向上　崇德向善（初中生读本）	新世界出版社	重印
5	习近平总书记系列重要讲话读本（2016年版，16开）	学习出版社	新出
6	中国共产党章程（64开红皮烫金版）	中国法制出版社	新出
7	习近平关于严明党的纪律和规矩论述摘编（小字本）	中国方正出版社	新出
8	传承中华文化　共筑精神家园（初中生读本）	新世界出版社	重印
9	水与生命	浙江科学技术出版社	重印
10	关于新形势下党内政治生活的若干准则　中国共产党党内监督条例（国际32开）	人民出版社	新出

与2015年相比，当年单品种累计印数超过100万册书籍品种增加41种，排名第10位书籍的累计印数较2015年排名第10位书籍增加22万册。

2.3 期刊结构

2.3.1 内容结构

期刊按照内容划分为综合、哲学社会科学、自然科学技术、文化教育和文学艺术5类。

2016年,全国出版哲学、社会科学类期刊12.7亿册,较2015年降低3.4%,占期刊总印数的47.1%,提高1.4个百分点;文化、教育类期刊6.2亿册,降低4.7%,占22.9%,提高0.4个百分点;文学、艺术类期刊2.6亿册,降低20.3%,占9.6%,减少1.7个百分点;自然科学、技术类期刊3.7亿册,降低6.7%,占13.7%;综合类期刊1.8亿册,降低7.4%,占6.8%。哲学、社会科学类期刊占期刊总印数比重继续提高,文化、教育类期刊所占比重有所回升,文学、艺术类期刊占比继续减少。

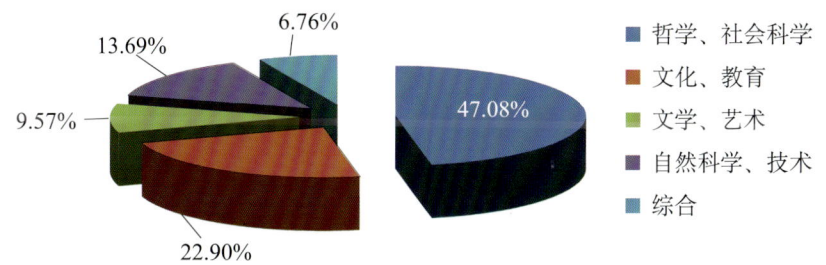

图17 期刊产品结构

表26 期刊产品结构

单位:亿册,%,百分点

类型	总印数			
	数量	增长速度	比重	比重变动
哲学、社会科学	12.70	-3.39	47.08	1.42
文化、教育	6.17	-4.68	22.90	0.39
文学、艺术	2.58	-20.31	9.57	-1.68
自然科学、技术	3.69	-6.65	13.69	-0.05
综合	1.82	-7.43	6.76	-0.08
合计	26.97	-6.29	100.00	0.00

2.3.2 平均期印数超过百万册期刊

2016年，共有《求是》《时事报告》大学生版和中学生版、《读者》等10种期刊平均期印数超过100万册。其中，《时事报告》两个版本每期平均期印数合计超过400万册，《读者》《特别关注》《小学生时代》《青年文摘》和《家庭医生》等文摘类、少儿类、科普类期刊占据半数。

表27　2016年平均期印数排名前10位的期刊

排名	期刊名称	刊期	所在省份	2015年排名	排名变化
1	时事报告（大学生版）	半年刊	中央在京	1	0
2	读者	半月刊	甘肃	2	0
3	特别关注	月刊	湖北	3	0
4	求是	半月刊	中央在京	5	1
5	小学生时代	月刊	浙江	4	-1
6	中共中央办公厅通讯	月刊	中央在京	6	0
7	青年文摘	半月刊	中央在京	9	2
8	时事（《时事报告》中学生版）	月刊	中央在京	8	0
9	家庭医生	半月刊	广东	11	2
10	半月谈	半月刊	中央在京	12	2

与2015年相比，《家庭医生》《半月谈》进入前十，《知音漫客》《意林》退出前十；前10位中，《求是》《青年文摘》排名上升，《小学生时代》排名下降；排名第10位期刊的平均期印数较2015年排名第10位期刊减少3万册；平均期印数超过100万册期刊减少3种；平均期印数和总印数整体继续下降。

2.4 报纸结构

2.4.1 层级结构

报纸根据地域层级划分为全国性报纸、省级报纸、地市级报纸和县级报纸4类。

2016年，共出版全国性报纸78.8亿份，较2015年降低0.9%，占报纸总印数的20.2%，提高1.7个百分点；省级报纸185.6亿份，降低11.6%，占47.6%，减少1.2个百分点；地市级报纸124.9亿份，降低10.8%，占32.0%；县级报纸0.8亿份，降低

3.2%，占0.2%。全国性报纸所占比重继续提高，省级报纸仍占据半壁江山，但比重继续减少；省级和地市级报纸印数下滑加剧，占报纸总印数比重出现下降。

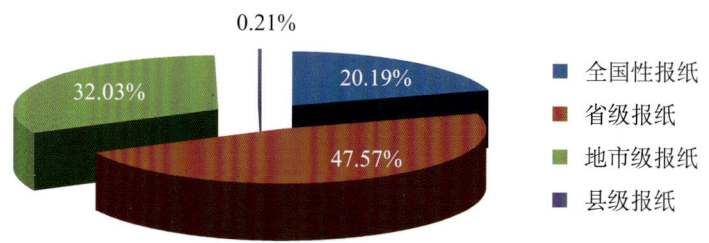

图18　报纸的层级结构

表28　报纸的层级结构

单位：亿份,%，百分点

地域层级	总印数	增长速度	比重	比重变动
全国性报纸	78.76	-0.85	20.19	1.72
省级报纸	185.57	-11.56	47.57	-1.21
地市级报纸	124.93	-10.76	32.03	-0.52
县级报纸	0.81	-3.21	0.21	0.01
合计	390.07	-9.31	100.00	0.00

2.4.2　内容结构

报纸根据内容划分为综合、专业、生活服务、读者对象和文摘5大类。

2016年，全国出版综合类报纸250.6亿份，较2015年降低11.9%，占报纸总印数的64.3%，减少1.9个百分点；专业类报纸106.9亿份，降低3.6%，占27.4%，提高1.6个百分点；生活服务类报纸10.6亿份，降低15.2%，占2.7%；读者对象类报纸17.2亿份，降低1.0%，占4.4%，提高0.4个百分点；文摘类报纸4.7亿份，降低3.6%，占1.2%。综合类与生活服务类报纸降幅较大，所占比重有所减少；市场细分更为清晰、读者对象更为明确的专业类与读者对象类报纸降幅较小，所占比重有所提高。

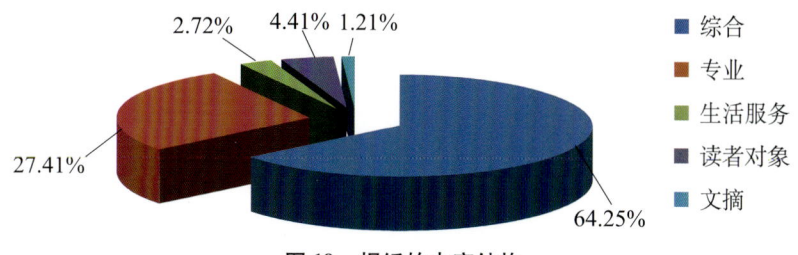

图19　报纸的内容结构

表29 报纸的内容结构

单位：亿份，%，百分点

内容类型	数量	增长速度	比重	比重变动
综合	250.61	-11.88	64.25	-1.88
专业	106.92	-3.57	27.41	1.63
生活服务	10.63	-15.21	2.72	-0.19
读者对象	17.19	-1.04	4.41	0.37
文摘	4.71	-3.64	1.21	0.07
合计	390.07	-9.31	100.00	0.00

2.4.3 平均期印数超过百万份报纸

2016年，共有《人民日报》《参考消息》《环球时报》等25种报纸平均期印数超过100万份，较2015年减少1种；其中综合类12种，减少1种；专业类报纸11种；读者对象类报纸2种。

2016年平均期印数排名前10位的综合类报纸，详见表30。

表30 2016年平均期印数排名前10位的综合类报纸

排名	报纸名称	刊期	所在省份	2015年排名	排名变化
1	人民日报	周七刊	中央在京	1	0
2	参考消息	周七刊	中央在京	2	0
3	南方都市报	周七刊	广东	3	0
4	新华每日电讯	周七刊	中央在京	4	0
5	钱江晚报	周七刊	浙江	5	0
6	半岛都市报	周七刊	山东	10	4
7	都市快报	周七刊	浙江	8	1
8	广州日报	周七刊	广东	9	1
9	广州日报社区报	周一刊	广东	11	2
10	齐鲁晚报	周七刊	山东	6	-4

与2015年相比，《广州日报社区版》跻身前十，《扬子晚报》退出前十；《半岛都市报》《都市快报》和《广州日报》排名上升，《齐鲁晚报》排名下降；排名第10位的《齐鲁晚报》平均期印数较2015年排名第10位报纸减少12.0万份；平均期印数和总印数整体继续下滑。

2016年平均期印数排名前10位的专业类报纸，详见表31。

表 31 2016 年平均期印数排名前 10 位的专业类报纸

排名	报纸名称	刊 期	所在省份	2015 年排名	排名变化
1	英语周报	周一刊	山西	1	0
2	当代中学生报	周一刊	江西	2	0
3	学习方法报	周一刊	山西	3	0
4	中学生学习报	周一刊	河南	4	0
5	英语辅导报	周一刊	吉林	5	0
6	语文学习报	周一刊	吉林	6	0
7	学生周报	周一刊	福建	9	2
8	快乐老人报	周二刊	湖南	8	0
9	英语测试报	周一刊	吉林	10	1
10	学英语报	周三刊	山西	11	1

与 2015 年相比,《学英语报》跻身前十,《语文周报》退出前十;《学生周报》和《英语测试报》排名上升;排名第 10 位的《学英语报》平均期印数较 2015 年排名第 10 位报纸减少 14.0 万份;平均期印数和总印数整体继续下滑。

第三章 地区结构分析

地区规模分布仍不平衡，总体经济规模综合评价前 10 位地区营业收入占到全国的 74.6%，与 2015 年基本持平；东部地区省份继续占据前 7 位，但北京被山东、浙江和江苏超越。地区发展先发优势显现，增速前 10 位地区中，东部地区省份增加 3 席；增长贡献排名前 10 位地区中，东部地区省份增加 1 席。

3.1 各地区总体经济规模综合评价

选取营业收入、增加值、总产出、资产总额、所有者权益（净资产）、利润总额和纳税总额 7 项经济规模指标，采用主成分分析法对全国 31 个省（自治区、直辖市）及新疆生产建设兵团新闻出版业（未包括数字出版）的总体经济规模进行综合评价。

广东、山东、浙江、江苏、北京[①]、上海、河北、安徽、福建和四川依次位居全国前 10 位。其中，前 7 位均属于东部地区。与 2015 年相比，四川跻身前十，江西退出前十；前 10 位中山东排名上升，北京排名下降。

表 32　总体经济规模综合评价前 10 位的地区

综合排名	地区	综合评价得分	2015 年排名	排名变化
1	广东	2.7113	1	0
2	山东	1.8844	5	3
3	浙江	1.8284	3	0
4	江苏	1.7679	4	0
5	北京	1.7421	2	-3
6	上海	0.8656	6	0
7	河北	0.4576	7	0
8	安徽	0.4093	8	0

---

① 包括中央在京新闻出版单位，后同。

表47 总体经济规模综合评价前10位的报刊出版集团

综合排名	集团	综合评价得分	2015年排名	排名变化
1	上海报业集团	3.8344	1	0
2	浙江日报报业集团	3.2438	2	0
3	成都传媒集团	1.9187	3	0
4	广州日报报业集团	1.2369	10	6
5	山东大众报业（集团）有限公司	1.1741	4	-1
6	陕西华商传媒集团有限责任公司	1.1183	5	-1
7	湖北日报传媒集团	0.8215	6	-1
8	河南日报报业集团有限公司	0.7103	12	4
9	深圳报业集团	0.6112	8	-1
10	南方报业传媒集团	0.5356	7	-3

说明：同表45。

5.4 发行集团

5.4.1 经济规模

2016年，发行集团继续保持良好增长态势，营业收入和利润总额快速增长。27家发行集团实现主营业务收入1063.2亿元，较2015年增加150.2亿元，增长16.5%；拥有资产总额1426.6亿元，增加122.3亿元，增长9.4%；实现利润总额82.6亿元，增加9.1亿元，增长12.4%。

安徽新华发行（集团）控股有限公司资产总额、所有者权益和主营业务收入均超过100亿元，由2015年"双百亿"集团晋级成为唯一的"三百亿"发行集团。四川新华发行集团有限公司资产总额超过100亿元。

表48 发行集团经济规模情况

单位：亿元,%

指标	金额	增长率
主营业务收入	1063.23	16.45
资产总额	1426.59	9.37
所有者权益	670.88	12.45
利润总额	82.64	12.36

5.4.2 总体经济规模排名

采用同样评价方法，发行集团总体经济规模的前 10 位依次为安徽新华发行（集团）控股有限公司、四川新华发行集团有限公司、湖南省新华书店有限责任公司、浙江省新华书店集团有限公司、江西新华发行集团有限公司、山东新华书店集团有限公司、河北省新华书店有限责任公司、河南省新华书店发行集团有限公司、重庆新华书店集团公司和上海新华发行集团有限公司。

与 2015 年相比，前 10 位发行集团保持不变但名次有所改变，山东新华书店集团有限公司、河南省新华书店发行集团有限公司和重庆新华书店集团公司排名上升，河北省新华书店有限责任公司和上海新华发行集团有限公司排名下降。

表 49　总体经济规模综合评价前 10 位的发行集团

综合排名	集团	综合评价得分	2015 年排名	排名变化
1	安徽新华发行（集团）控股有限公司	3.8948	1	0
2	四川新华发行集团有限公司	1.7471	2	0
3	湖南省新华书店有限责任公司	1.0306	3	0
4	浙江省新华书店集团有限公司	0.6101	4	0
5	江西新华发行集团有限公司	0.6076	5	0
6	山东新华书店集团有限公司	0.3323	7	1
7	河北省新华书店有限责任公司	0.2817	6	－1
8	河南省新华书店发行集团有限公司	0.2070	9	1
9	重庆新华书店集团公司	0.1497	10	1
10	上海新华发行集团有限公司	0.1201	8	－2

说明：同表 45。

5.5　印刷集团

5.5.1　经济规模

2016 年，印刷集团资产规模有所扩大，主营业务收入继续下滑，利润总额大幅下降。12 家印刷集团实现主营业务收入 54.0 亿元，较 2015 年减少 3.6 亿元，降低 6.2%；

拥有资产总额108.6亿元，增加3.4亿元，增长3.3%；实现利润总额1.0亿元，减少1.7亿元，降低63.0%。

表50 印刷集团经济规模情况

单位：亿元,%

指标	金额	增长率
主营业务收入	54.03	-6.17
资产总额	108.58	3.25
所有者权益	48.85	2.61
利润总额	1.00	-62.96

5.5.2 总体经济规模排名

采用同样评价方法，印刷集团总体经济规模的前10位依次为中国文化产业发展集团公司、江西新华印刷集团有限公司、湖南天闻新华印务有限公司、上海印刷新技术（集团）有限公司、浙江印刷集团有限公司、上海印刷（集团）有限公司、辽宁新闻印刷集团有限公司、北京印刷集团有限责任公司、河南新华印刷集团有限公司和广西正泰彩印包装有限责任公司。

与2015年相比，广西正泰彩印包装有限责任公司跻身前十，北京隆达印刷包装集团有限公司退出前十；前10位中上海印刷新技术（集团）有限公司、上海印刷（集团）有限公司和北京印刷集团有限责任公司排名上升，浙江印刷集团有限公司、辽宁新闻印刷集团有限公司和河南新华印刷集团有限公司排名下降。

表51 总体经济规模综合评价前10位的印刷集团

综合排名	集团	综合评价得分	2015年排名	排名变化
1	中国文化产业发展集团公司	1.4090	1	0
2	江西新华印刷集团有限公司	0.9174	2	0
3	湖南天闻新华印务有限公司	0.7295	3	0
4	上海印刷新技术（集团）有限公司	0.3232	6	2
5	浙江印刷集团有限公司	0.1935	4	-1
6	上海印刷（集团）有限公司	0.1292	7	1
7	辽宁新闻印刷集团有限公司	-0.2721	5	-2
8	北京印刷集团有限责任公司	-0.4926	9	1
9	河南新华印刷集团有限公司	-0.5408	8	-1
10	广西正泰彩印包装有限责任公司	-0.5483	11	1

说明：同表45。

第六章 出版传媒上市公司分析

33家在中国内地上市的出版传媒公司经营规模不断扩大，产出和利润持续增长，总体保持稳健发展态势。南方出版传媒股份有限公司和新华文轩出版传媒股份有限公司成功上市，新华文轩成为首家"A+H"两地上市的出版传媒公司。凤凰传媒、中南传媒、中文传媒资产总额、营业收入和所有者权益均超过百亿元，共同组成"三百亿"公司阵营；"百亿"阵营持续扩大，大地传媒、皖新传媒、掌趣科技资产总额首次超过百亿，再加上新华文轩，"百亿"公司达到11家，占出版传媒上市公司总数的三分之一。出版公司主业挺拔，出版、发行、印刷业务继续保持核心主业地位。出版、发行、印刷业务收入在各出版上市公司营业收入中所占比重平均为61.0%，7家公司占比超过三分之二。数字出版、在线教育、新媒体、游戏娱乐、影视文化、大数据等新业态、新领域布局进一步广泛，整体发展势头良好。

6.1 总体情况

截至2016年12月31日，中国内地在境内外上市的出版传媒公司共计37家[①]。其中，出版公司11家，报业公司7家，发行公司6家，印刷公司10家，新媒体公司3家。其中在中国内地上市33家，在中国香港上市4家。

表52 出版传媒上市公司的业务类型与上市地点

业务类型	中国内地	中国香港	合计
出版公司	10	1	11
报业公司	5	2	7
发行公司	5	1	6

[①] 2016年新增出版传媒上市公司2家。同时，湖南赛迪传媒投资股份有限公司（*ST传媒，由北京湖南赛迪传媒投资股份有限公司更名）于2015年完成重大资产重组，更名为南华生物医药股份有限公司（南华生物），主要从事生物医药业务，退出传媒行业；当当网于2016年完成股权私有化改造，从美国纽约证券交易所退市。因此，出版传媒上市公司仍为37家。

续表

业务类型	中国内地	中国香港	合计
印刷公司	10	0	10
新媒体公司	3	0	3
合计	33	4	37

说明：出版公司包括业务内容描述为出版、出版发行和期刊的上市公司。

与 2015 年相比，新增上市公司 2 家，均在中国内地上市。其中，出版公司 1 家，为南方出版传媒股份有限公司；发行公司 1 家，为四川新华文轩出版传媒股份有限公司。

表 53　2016 年新增出版传媒上市公司概况

上市公司	股票简称	业务类型	上市时间	上市地点	上市方式
南方出版传媒股份有限公司	南方传媒	出版	2 月	上证 A 股	IPO
四川新华文轩出版传媒股份有限公司	新华文轩	发行	8 月	上证 A 股	IPO

6.2　经济规模

6.2.1　在中国境内外上市公司流通市值规模

以 2016 年 12 月 31 日收盘价计算，37 家在境内外上市的出版传媒上市公司股市流通市值共计 4075.6 亿元人民币，较 2015 年同期减少 910.9 亿元，下降 18.3%。其中，在中国内地上市的 33 家公司股市流通市值共计 4029.6 亿元人民币，减少 830.7 亿元，降低 17.1%。

各类出版传媒上市公司的股市流通市值规模，降序依次为出版公司、印刷公司、报业公司、发行公司和新媒体公司。流通市值平均规模降序依次为印刷公司、出版公司、新媒体公司、发行公司和报业公司。

各类出版传媒上市公司的股市流通市值增长速度，降序依次为发行公司、印刷公司、新媒体公司、出版公司和报业公司；流通市值增长额降序依次为发行公司、新媒体公司、印刷公司、报业公司和出版公司。

表 54　在境内外上市的出版传媒公司股市流通市值

单位：亿元人民币,%

公司类型	总金额	增长额	增长速度	平均规模
出版公司	1279.56	-369.39	-22.40	116.32

续表

公司类型	总金额	增长额	增长速度	平均规模
报业公司	638.47	−242.04	−27.49	91.21
发行公司	633.23	−22.09	−3.37	105.54
印刷公司	1196.75	−217.16	−15.36	119.68
新媒体公司	327.62	−60.26	−15.54	109.21
整体	4075.63	−910.94	−18.27	110.15

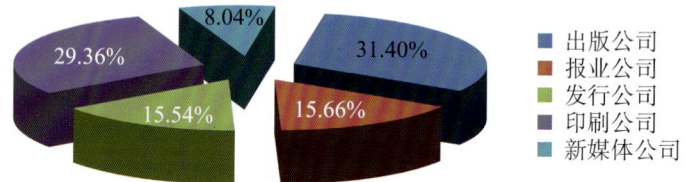

图31　境内外股市流通市值的公司类型构成

股市流通市值前10位的出版传媒公司，降序依次为康得新、皖新传媒、中南传媒、凤凰传媒、中文传媒、浙报传媒、华闻传媒、掌趣科技、劲嘉股份和东港股份。其中，出版公司3家、报业公司2家、发行公司1家、印刷公司3家、新媒体公司1家。

表55　在境内外上市的股市流通市值前10位出版传媒上市公司

单位：亿元人民币

排名	上市公司	股票简称	业务类型	上市地点	流通市值
1	北京康得新复合材料股份有限公司	康得新	印刷	深证A股	550.44
2	安徽新华传媒股份有限公司	皖新传媒	发行	上证A股	319.77
3	中南出版传媒集团股份有限公司	中南传媒	出版发行	上证A股	299.21
4	江苏凤凰出版传媒股份有限公司	凤凰传媒	出版发行	上证A股	266.45
5	中文天地出版传媒股份有限公司	中文传媒	出版发行	上证A股	255.31
6	浙报传媒集团股份有限公司	浙报传媒	报业	上证A股	209.85
7	华闻传媒投资集团股份有限公司	华闻传媒	报业	深证A股	206.32
8	北京掌趣科技股份有限公司	掌趣科技	新媒体	深证A股	178.92
9	深圳劲嘉彩印集团股份有限公司	劲嘉股份	印刷	深证A股	135.56
10	东港安全印刷股份有限公司	东港股份	印刷	深证A股	108.92

6.2.2　在中国内地上市公司市值规模

6.2.2.1　总体情况

以2016年12月31日收盘价计算，在中国内地上市的33家出版传媒公司股市总市值共计 5109.2 亿元，较 2015 年同期减少 986.8 亿元，降低 16.2%。

各类出版传媒上市公司的股市总市值规模，降序依次为出版公司、印刷公司、发行公司、报业公司和新媒体公司。总市值平均规模降序依次为新媒体公司、发行公司、报业公司、出版公司和印刷公司。各类出版传媒上市公司的股市总市值增长速度，降序依次为发行公司、印刷公司、出版公司、报业公司和新媒体公司。总市值增长额降序依次为发行公司、印刷公司、报业公司、出版公司和新媒体公司。

表 56　在中国内地上市的出版传媒公司股市总市值

单位：亿元人民币，%

公司类型	总金额	增长额	增长速度	平均规模
出版公司	1519.60	-384.03	-20.17	151.96
报业公司	765.24	-270.26	-26.10	153.05
发行公司	821.89	254.95	44.97	164.38
印刷公司	1390.40	-152.73	-9.90	139.04
新媒体公司	612.09	-434.72	-41.53	204.03
整体	5109.22	-986.79	-16.19	154.82

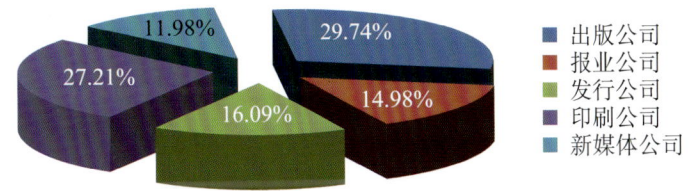

图 32　股市总市值的公司类型构成

股市总市值前 10 位的出版传媒公司，降序依次为康得新、皖新传媒、中南传媒、中文传媒、凤凰传媒、掌趣科技、昆仑万维、浙报传媒、华闻传媒和新华文轩。其中，出版公司 3 家、报业公司 2 家、发行公司 2 家、印刷公司 1 家、新媒体公司 2 家。

表 57　在中国内地上市的股市总市值前 10 位出版传媒上市公司

单位：亿元人民币

排名	上市公司	股票简称	业务类型	上市地点	总市值
1	北京康得新复合材料股份有限公司	康得新	印刷	深证 A 股	674.35
2	安徽新华传媒股份有限公司	皖新传媒	发行	上证 A 股	349.50
3	中南出版传媒集团股份有限公司	中南传媒	出版发行	上证 A 股	299.21
4	中文天地出版传媒股份有限公司	中文传媒	出版发行	上证 A 股	278.34
5	江苏凤凰出版传媒股份有限公司	凤凰传媒	出版发行	上证 A 股	266.45
6	北京掌趣科技股份有限公司	掌趣科技	新媒体	深证 A 股	256.03
7	北京昆仑万维科技股份有限公司	昆仑万维	新媒体	深证 A 股	243.46

续表

排名	上市公司	股票简称	业务类型	上市地点	总市值
8	浙报传媒集团股份有限公司	浙报传媒	报业	上证 A 股	229.92
9	华闻传媒投资集团股份有限公司	华闻传媒	报业	深证 A 股	227.76
10	四川新华文轩出版传媒股份有限公司	新华文轩	发行	上证 A 股	177.12

6.2.2.2 出版公司

出版公司股市总市值共计 1519.6 亿元，减少 384.0 亿元，降低 20.2%；占全体在内地上市出版传媒公司股市总市值的 29.7%。

10 家出版公司的股市总市值，降序依次为中南传媒、中文传媒、凤凰传媒、南方传媒、大地传媒、时代出版、长江传媒、读者传媒、城市传媒和出版传媒。

表58 在中国内地上市的出版公司股市总市值

单位：亿元人民币

排名	上市公司	股票简称	上市地点	总市值
1	中南出版传媒集团股份有限公司	中南传媒	上证 A 股	299.22
2	中文天地出版传媒股份有限公司	中文传媒	上证 A 股	278.35
3	江苏凤凰出版传媒股份有限公司	凤凰传媒	上证 A 股	266.45
4	南方出版传媒股份有限公司	南方传媒	上证 A 股	128.03
5	中原大地传媒股份有限公司	大地传媒	深证 A 股	117.77
6	时代出版传媒股份有限公司	时代出版	上证 A 股	102.78
7	长江出版传媒股份有限公司	长江传媒	上证 A 股	100.85
8	读者出版传媒股份有限公司	读者传媒	上证 A 股	84.44
9	青岛城市传媒股份有限公司	城市传媒	上证 A 股	79.91
10	北方联合出版传媒（集团）股份有限公司	出版传媒	上证 A 股	61.82
—	合计	—	—	1519.60

6.2.2.3 报业公司

报业公司股市总市值共计 765.2 亿元，减少 270.3 亿元，降低 26.1%；占全体在内地上市出版传媒公司股市总市值的 15.0%。

5 家报业公司的股市总市值，降序依次为浙报传媒、华闻传媒、华媒控股、博瑞传播和粤传媒。

表59 在中国内地上市的报业公司股市总市值

单位：亿元人民币

排名	上市公司	股票简称	上市地点	总市值
1	浙报传媒集团股份有限公司	浙报传媒	上证 A 股	229.92
2	华闻传媒投资集团股份有限公司	华闻传媒	深证 A 股	227.76

续表

排名	上市公司	股票简称	上市地点	总市值
3	浙江华媒控股股份有限公司	华媒控股	深证A股	120.29
4	成都博瑞传播股份有限公司	博瑞传播	上证A股	95.78
5	广东广州日报传媒股份有限公司	粤传媒	深证A股	91.49
—	合计	—	—	765.24

6.2.2.4 发行公司

发行公司股市总市值共计821.9亿元，增加255.0亿元，增长45.0%；占全体在内地上市出版传媒公司股市总市值的16.1%。

5家发行公司的股市总市值，降序依次为皖新传媒、新华文轩、天舟文化、新华传媒和广弘控股。

表60 在中国内地上市的发行公司股市总市值

单位：亿元人民币

排名	上市公司	股票简称	上市地点	总市值
1	安徽新华传媒股份有限公司	皖新传媒	上证A股	349.50
2	四川新华文轩出版传媒股份有限公司	新华文轩	上证A股	177.12
3	湖南天舟科教文化股份有限公司	天舟文化	深圳创业板	135.58
4	上海新华传媒股份有限公司	新华传媒	上证A股	90.80
5	广东广弘控股股份有限公司	广弘控股	深证A股	68.89
—	合计	—	—	821.89

6.2.2.5 印刷公司

印刷公司股市总市值共计1390.4亿元，减少152.7亿元，下降9.9%；占全体在内地上市出版传媒公司股市总市值的27.2%。

10家印刷公司的股市总市值，降序依次为康得新、劲嘉股份、东港股份、*ST中富、紫江企业、鸿博股份、界龙实业、陕西金叶、永新股份和盛通股份。

表61 在中国内地上市的印刷公司股市总市值

单位：亿元人民币

排名	上市公司	股票简称	上市地点	总市值
1	北京康得新复合材料股份有限公司	康得新	深证A股	674.35
2	深圳劲嘉彩印集团股份有限公司	劲嘉股份	深证A股	136.94
3	东港安全印刷股份有限公司	东港股份	深证A股	108.95
4	珠海中富实业股份有限公司	*ST中富	深证A股	89.48
5	上海紫江企业集团股份有限公司	紫江企业	上证A股	82.06
6	福建鸿博印刷股份有限公司	鸿博股份	深证A股	78.43

续表

排名	上市公司	股票简称	上市地点	总市值
7	上海界龙实业集团股份有限公司	界龙实业	上证A股	57.33
8	陕西金叶科教集团股份有限公司	陕西金叶	深证A股	55.83
9	黄山永新股份有限公司	永新股份	深证A股	53.72
10	北京盛通印刷股份有限公司	盛通股份	深证A股	53.31
—	合计	—	—	1390.40

6.2.2.6 新媒体公司

新媒体公司股市总市值共计612.1亿元，减少434.7亿元，降低41.5%；占全体在内地上市出版传媒公司股市总市值的12.0%。

3家新媒体公司的股市总市值，降序依次为掌趣科技、昆仑万维和中文在线。

表62 在中国内地上市的新媒体公司股市总市值

单位：亿元人民币

排名	上市公司	股票简称	上市地点	总市值
1	北京掌趣科技股份有限公司	掌趣科技	深证A股	256.03
2	北京昆仑万维科技股份有限公司	昆仑万维	深证A股	243.47
3	中文在线数字出版集团股份有限公司	中文在线	深证A股	112.59
—	合计	—	—	612.09

6.2.3 在中国内地上市公司资产规模

6.2.3.1 总体情况

截至2016年底，在中国内地上市的33家出版传媒公司资产总额共计2489.4亿元，较2015年同期增加520.8亿元，增长26.5%。

各类出版传媒上市公司的资产总额，降序依次为出版公司、印刷公司、报业公司、发行公司和新媒体公司。资产总额平均规模降序依次为出版公司、报业公司、发行公司、新媒体公司和印刷公司。

各类出版传媒上市公司的资产总额增长速度，降序依次为发行公司、新媒体公司、印刷公司、出版公司和报业公司。资产总额增长额降序依次为发行公司、出版公司、印刷公司、新媒体公司和报业公司。

表63 在中国内地上市的出版传媒公司资产总额

单位：亿元人民币,%

公司类型	总金额	增长额	增长速度	平均规模
出版公司	1008.40	155.48	18.23	100.84

续表

公司类型	总金额	增长额	增长速度	平均规模
报业公司	347.18	23.34	7.21	69.44
发行公司	337.51	179.65	113.80	67.50
印刷公司	600.69	93.21	18.37	60.07
新媒体公司	195.60	69.14	54.68	65.20
整体	2489.37	520.82	26.46	75.44

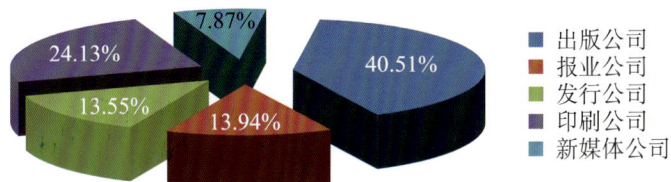

图33 资产总额的公司类型构成

资产总额前10位的出版传媒公司，降序依次为康得新、凤凰传媒、中文传媒、中南传媒、华闻传媒、新华文轩、皖新传媒、紫江企业、掌趣科技和大地传媒。其中，出版公司4家、报业公司1家、发行公司2家、印刷公司2家、新媒体公司1家。

表64 在中国内地上市的资产总额前10位出版传媒上市公司

单位：亿元人民币

排名	上市公司	股票简称	业务类型	上市地点	资产总额
1	北京康得新复合材料股份有限公司	康得新	印刷	深证A股	264.25
2	江苏凤凰出版传媒股份有限公司	凤凰传媒	出版发行	上证A股	193.18
3	中文天地出版传媒股份有限公司	中文传媒	出版发行	上证A股	188.52
4	中南出版传媒集团股份有限公司	中南传媒	出版发行	上证A股	186.19
5	华闻传媒投资集团股份有限公司	华闻传媒	报业	深证A股	134.03
6	四川新华文轩出版传媒股份有限公司	新华文轩	发行	上证A股	122.55
7	安徽新华传媒股份有限公司	皖新传媒	发行	上证A股	110.14
8	上海紫江企业集团股份有限公司	紫江企业	印刷	上证A股	108.33
9	北京掌趣科技股份有限公司	掌趣科技	新媒体	深证A股	104.01
10	中原大地传媒股份有限公司	大地传媒	出版发行	深证A股	101.48

6.2.3.2 出版公司

出版公司资产总额共计1008.4亿元，增加155.5亿元，增长18.2%；占全体在内地上市出版传媒公司资产总额的40.5%。

10家出版公司的资产总额，降序依次为凤凰传媒、中文传媒、中南传媒、大地传媒、长江传媒、南方传媒、时代出版、出版传媒、城市传媒和读者传媒。

表 65 在中国内地上市的出版公司资产总额

单位：亿元人民币

排名	上市公司	股票简称	上市地点	资产总额
1	江苏凤凰出版传媒股份有限公司	凤凰传媒	上证 A 股	193.18
2	中文天地出版传媒股份有限公司	中文传媒	上证 A 股	188.52
3	中南出版传媒集团股份有限公司	中南传媒	上证 A 股	186.19
4	中原大地传媒股份有限公司	大地传媒	深证 A 股	101.48
5	长江出版传媒股份有限公司	长江传媒	上证 A 股	97.47
6	南方出版传媒股份有限公司	南方传媒	上证 A 股	86.09
7	时代出版传媒股份有限公司	时代出版	上证 A 股	76.50
8	北方联合出版传媒（集团）股份有限公司	出版传媒	上证 A 股	30.68
9	青岛城市传媒股份有限公司	城市传媒	上证 A 股	28.92
10	读者出版传媒股份有限公司	读者传媒	上证 A 股	19.37
—	合计	—	—	1008.40

6.2.3.3 报业公司

报业公司资产总额共计 347.2 亿元，增加 23.3 亿元，增长 7.2%；占全体在内地上市出版传媒公司资产总额的 13.9%。

5 家报业公司的资产总额，降序依次为华闻传媒、浙报传媒、粤传媒、博瑞传播和华媒控股。

表 66 在中国内地上市的报业公司资产总额

单位：亿元人民币

排名	上市公司	股票简称	上市地点	资产总额
1	华闻传媒投资集团股份有限公司	华闻传媒	深证 A 股	134.03
2	浙报传媒集团股份有限公司	浙报传媒	上证 A 股	93.20
3	广东广州日报传媒股份有限公司	粤传媒	深证 A 股	46.90
4	成都博瑞传播股份有限公司	博瑞传播	上证 A 股	43.42
5	浙江华媒控股股份有限公司	华媒控股	深证 A 股	29.63
—	合计	—	—	347.18

6.2.3.4 发行公司

发行公司资产总额共计 337.5 亿元，增加 179.7 亿元，增长 113.8%；占全体在内地上市出版传媒公司资产总额的 13.6%。

5 家发行公司的资产总额，降序依次为新华文轩、皖新传媒、天舟文化、新华传媒和广弘控股。

表67 在中国内地上市的发行公司资产总额

单位：亿元人民币

排名	上市公司	股票简称	上市地点	资产总额
1	四川新华文轩出版传媒股份有限公司	新华文轩	上证A股	122.55
2	安徽新华传媒股份有限公司	皖新传媒	上证A股	110.14
3	湖南天舟科教文化股份有限公司	天舟文化	深圳创业板	49.45
4	上海新华传媒股份有限公司	新华传媒	上证A股	39.49
5	广东广弘控股股份有限公司	广弘控股	深证A股	15.88
—	合计	—	—	337.51

6.2.3.5 印刷公司

印刷公司资产总额共计600.7亿元，增加93.2亿元，增长18.4%；占全体在内地上市出版传媒公司资产总额的24.1%。

10家印刷公司的资产总额，降序依次为康得新、紫江企业、劲嘉股份、界龙实业、*ST中富、鸿博股份、永新股份、东港股份、陕西金叶和盛通股份。

表68 在中国内地上市的印刷公司资产总额

单位：亿元人民币

排名	上市公司	股票简称	上市地点	资产总额
1	北京康得新复合材料股份有限公司	康得新	深证A股	264.25
2	上海紫江企业集团股份有限公司	紫江企业	上证A股	108.33
3	深圳劲嘉彩印集团股份有限公司	劲嘉股份	深证A股	66.81
4	上海界龙实业集团股份有限公司	界龙实业	上证A股	34.04
5	珠海中富实业股份有限公司	*ST中富	深证A股	26.17
6	福建鸿博印刷股份有限公司	鸿博股份	深证A股	24.34
7	黄山永新股份有限公司	永新股份	深证A股	22.77
8	东港安全印刷股份有限公司	东港股份	深证A股	22.09
9	陕西金叶科教集团股份有限公司	陕西金叶	深证A股	17.96
10	北京盛通印刷股份有限公司	盛通股份	深证A股	13.93
—	合计	—	—	600.69

6.2.3.6 新媒体公司

新媒体公司资产总额共计195.6亿元，增加69.1亿元，增长54.7%；占全体在内地上市出版传媒公司资产总额的7.9%。

3家新媒体公司的资产总额，降序依次为掌趣科技、昆仑万维和中文在线。

表69　在中国内地上市的新媒体公司股市资产总额

单位：亿元人民币

排名	上市公司	股票简称	上市地点	资产总额
1	北京掌趣科技股份有限公司	掌趣科技	深证A股	104.01
2	北京昆仑万维科技股份有限公司	昆仑万维	深证A股	63.06
3	中文在线数字出版集团股份有限公司	中文在线	深证A股	28.53
—	合计	—	—	195.60

6.2.4 在中国内地上市公司收入规模

6.2.4.1 总体情况

2016年，在中国内地上市的33家出版传媒公司营业收入共计1368.9亿元，较2015年同期增加235.1亿元，增长20.7%。

各类出版传媒上市公司的营业收入，降序依次为出版公司、印刷公司、发行公司、报业公司和新媒体公司。营业收入平均规模降序依次为出版公司、发行公司、印刷公司、报业公司和新媒体公司。

各类出版传媒上市公司的营业收入增长速度，降序依次为发行公司、新媒体公司、出版公司、印刷公司和报业公司。营业收入增长额降序依次为出版公司、发行公司、印刷公司、新媒体公司和报业公司。

表70　在中国内地上市的出版传媒公司营业收入

单位：亿元人民币,%

公司类型	总金额	增长额	增长速度	平均规模
出版公司	719.54	112.72	18.58	71.95
报业公司	119.35	0.86	0.72	23.87
发行公司	183.22	76.96	72.43	36.64
印刷公司	297.98	28.80	10.70	29.80
新媒体公司	48.81	15.78	47.76	16.27
整体	1368.90	235.12	20.74	41.48

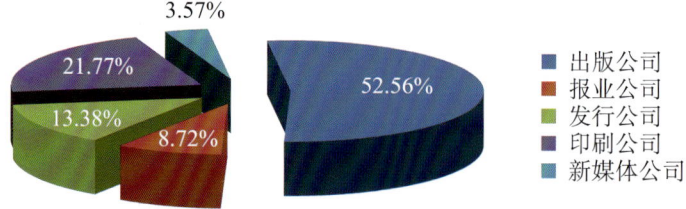

图34　营业收入的公司类型构成

营业收入前 10 位的出版传媒公司，降序依次为长江传媒、中文传媒、中南传媒、凤凰传媒、康得新、紫江企业、大地传媒、皖新传媒、时代出版和新华文轩。其中，出版公司 6 家、发行公司 2 家、印刷公司 2 家。

表 71　在中国内地上市的营业收入前 10 位出版传媒上市公司

单位：亿元人民币

排名	上市公司	股票简称	业务类型	上市地点	营业收入
1	长江出版传媒股份有限公司	长江传媒	出版发行	上证 A 股	137.89
2	中文天地出版传媒股份有限公司	中文传媒	出版发行	上证 A 股	127.76
3	中南出版传媒集团股份有限公司	中南传媒	出版发行	上证 A 股	111.05
4	江苏凤凰出版传媒股份有限公司	凤凰传媒	出版发行	上证 A 股	105.47
5	北京康得新复合材料股份有限公司	康得新	印刷	深证 A 股	92.33
6	上海紫江企业集团股份有限公司	紫江企业	印刷	上证 A 股	83.56
7	中原大地传媒股份有限公司	大地传媒	出版发行	深证 A 股	78.90
8	安徽新华传媒股份有限公司	皖新传媒	发行	上证 A 股	75.94
9	时代出版传媒股份有限公司	时代出版	出版	上证 A 股	67.67
10	四川新华文轩出版传媒股份有限公司	新华文轩	发行	上证 A 股	63.56

6.2.4.2　出版公司

出版公司营业收入共计 719.5 亿元，增加 112.7 亿元，增长 18.6%；占全体在内地上市出版传媒公司营业收入的 52.6%。

10 家出版公司的营业收入，降序依次为长江传媒、中文传媒、中南传媒、凤凰传媒、大地传媒、时代出版、南方传媒、城市传媒、出版传媒和读者传媒。

表 72　在中国内地上市的出版公司营业收入

单位：亿元人民币

排名	上市公司	股票简称	上市地点	营业收入
1	长江出版传媒股份有限公司	长江传媒	上证 A 股	137.89
2	中文天地出版传媒股份有限公司	中文传媒	上证 A 股	127.76
3	中南出版传媒集团股份有限公司	中南传媒	上证 A 股	111.05
4	江苏凤凰出版传媒股份有限公司	凤凰传媒	上证 A 股	105.47
5	中原大地传媒股份有限公司	大地传媒	深证 A 股	78.90
6	时代出版传媒股份有限公司	时代出版	上证 A 股	67.67
7	南方出版传媒股份有限公司	南方传媒	上证 A 股	49.18
8	青岛城市传媒股份有限公司	城市传媒	上证 A 股	17.74
9	北方联合出版传媒（集团）股份有限公司	出版传媒	上证 A 股	16.39
10	读者出版传媒股份有限公司	读者传媒	上证 A 股	7.51
—	合计	—	—	719.54

6.2.4.3 报业公司

报业公司营业收入共计119.4亿元，增加0.9亿元，增长0.7%；占全体在内地上市出版传媒公司营业收入的8.7%。

5家报业公司的营业收入，降序依次为华闻传媒、浙报传媒、华媒控股、粤传媒和博瑞传播。

表73 在中国内地上市的报业公司营业收入

单位：亿元人民币

排名	上市公司	股票简称	上市地点	营业收入
1	华闻传媒投资集团股份有限公司	华闻传媒	深证A股	45.71
2	浙报传媒集团股份有限公司	浙报传媒	上证A股	35.50
3	浙江华媒控股股份有限公司	华媒控股	深证A股	18.24
4	广东广州日报传媒股份有限公司	粤传媒	深证A股	10.21
5	成都博瑞传播股份有限公司	博瑞传播	上证A股	9.69
—	合计	—	—	119.35

6.2.4.4 发行公司

发行公司营业收入共计183.2亿元，增加77.0亿元，增长72.4%；占全体在内地上市出版传媒公司营业收入的13.4%。

5家发行公司的营业收入，降序依次为皖新传媒、新华文轩、广弘控股、新华传媒和天舟文化。

表74 在中国内地上市的发行公司营业收入

单位：亿元人民币

排名	上市公司	股票简称	上市地点	营业收入
1	安徽新华传媒股份有限公司	皖新传媒	上证A股	75.94
2	四川新华文轩出版传媒股份有限公司	新华文轩	上证A股	63.56
3	广东广弘控股股份有限公司	广弘控股	深证A股	20.67
4	上海新华传媒股份有限公司	新华传媒	上证A股	15.25
5	湖南天舟科教文化股份有限公司	天舟文化	深圳创业板	7.80
—	合计	—	—	183.22

6.2.4.5 印刷公司

印刷公司营业收入共计298.0亿元，增加28.8亿元，增长10.7%；占全体在内地上市出版传媒公司营业收入的21.8%。

10家印刷公司的营业收入，降序依次为康得新、紫江企业、劲嘉股份、永新股份、界龙实业、*ST中富、东港股份、陕西金叶、鸿博股份和盛通股份。

表75 在中国内地上市的印刷公司营业收入

单位：亿元人民币

排名	上市公司	股票简称	上市地点	营业收入
1	北京康得新复合材料股份有限公司	康得新	深证A股	92.33
2	上海紫江企业集团股份有限公司	紫江企业	上证A股	83.56
3	深圳劲嘉彩印集团股份有限公司	劲嘉股份	深证A股	27.77
4	黄山永新股份有限公司	永新股份	深证A股	19.04
5	上海界龙实业集团股份有限公司	界龙实业	上证A股	17.33
6	珠海中富实业股份有限公司	*ST中富	深证A股	16.20
7	东港安全印刷股份有限公司	东港股份	深证A股	14.91
8	陕西金叶科教集团股份有限公司	陕西金叶	深证A股	9.94
9	福建鸿博印刷股份有限公司	鸿博股份	深证A股	8.46
10	北京盛通印刷股份有限公司	盛通股份	深证A股	8.43
—	合计	—	—	297.98

6.2.4.6 新媒体公司

新媒体公司营业收入共计48.8亿元，增加15.8亿元，增长47.8%；占全体在内地上市出版传媒公司营业收入的3.6%。

3家新媒体公司的营业收入，降序依次为昆仑万维、掌趣科技和中文在线。

表76 在中国内地上市的新媒体公司股市营业收入

单位：亿元人民币

排名	上市公司	股票简称	上市地点	营业收入
1	北京昆仑万维科技股份有限公司	昆仑万维	深证A股	24.25
2	北京掌趣科技股份有限公司	掌趣科技	深证A股	18.55
3	中文在线数字出版集团股份有限公司	中文在线	深证A股	6.02
—	合计	—	—	48.81

6.2.5 在中国内地上市公司利润总额

6.2.5.1 总体情况

2016年，在中国内地上市的33家出版传媒公司利润总额共计170.6亿元，较2015年同期增加36.7亿元，增长27.4%。

各类出版传媒上市公司的利润总额，降序依次为出版公司、印刷公司、报业公司、发行公司和新媒体公司。利润总额平均规模降序依次为出版公司、报业公司、发行公司、新媒体公司和印刷公司。

各类出版传媒上市公司的利润总额增长速度，降序依次为发行公司、报业公司、新媒体公司、出版公司和印刷公司。利润总额增长额降序依次为出版公司、报业公司、发行公司、新媒体公司和印刷公司。

表 77 在中国内地上市的出版传媒公司利润总额

单位：亿元人民币，%

公司类型	总金额	增长额	增长速度	平均规模
出版公司	72.52	11.70	19.24	7.25
报业公司	28.99	10.82	59.55	5.80
发行公司	22.26	10.39	87.53	4.45
印刷公司	34.87	1.77	5.35	3.49
新媒体公司	11.92	2.05	20.77	3.97
整体	170.56	36.73	27.44	5.17

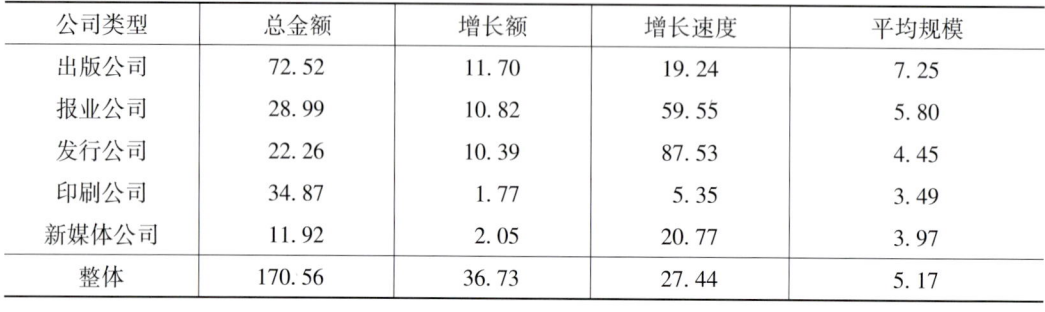

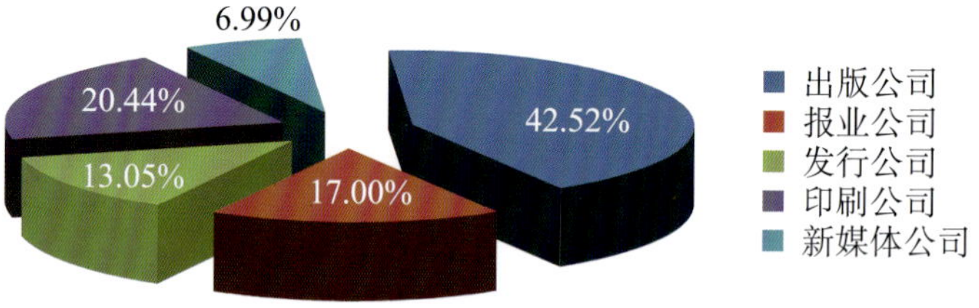

图 35 利润总额的公司类型构成

利润总额前 10 位的出版传媒公司，降序依次为康得新、中南传媒、中文传媒、华闻传媒、凤凰传媒、皖新传媒、浙报传媒、劲嘉股份、大地传媒和新华文轩。其中，出版公司 4 家、报业公司 2 家、发行公司 2 家、印刷公司 2 家。

表 78 在中国内地上市的利润总额前 10 位出版传媒上市公司

单位：亿元人民币

排名	上市公司	股票简称	业务类型	上市地点	利润总额
1	北京康得新复合材料股份有限公司	康得新	印刷	深证 A 股	23.02
2	中南出版传媒集团股份有限公司	中南传媒	出版发行	上证 A 股	19.33
3	中文天地出版传媒股份有限公司	中文传媒	出版发行	上证 A 股	13.70
4	华闻传媒投资集团股份有限公司	华闻传媒	报业	深证 A 股	12.35
5	江苏凤凰出版传媒股份有限公司	凤凰传媒	出版发行	上证 A 股	12.29
6	安徽新华传媒股份有限公司	皖新传媒	发行	上证 A 股	10.91
7	浙报传媒集团股份有限公司	浙报传媒	报业	上证 A 股	10.90
8	深圳劲嘉彩印集团股份有限公司	劲嘉股份	印刷	深证 A 股	7.27
9	中原大地传媒股份有限公司	大地传媒	出版发行	深证 A 股	6.97
10	四川新华文轩出版传媒股份有限公司	新华文轩	发行	上证 A 股	6.36

6.2.5.2 出版公司

出版公司利润总额共计 72.5 亿元，增加 11.7 亿元，增长 19.2%；占全体在内地上市出版传媒公司利润总额的 42.5%。

10 家出版公司的利润总额，降序依次为中南传媒、中文传媒、凤凰传媒、大地传媒、长江传媒、南方传媒、时代出版、城市传媒、出版传媒和读者传媒。

表 79　在中国内地上市的出版公司利润总额

单位：亿元人民币

排名	上市公司	股票简称	上市地点	利润总额
1	中南出版传媒集团股份有限公司	中南传媒	上证 A 股	19.33
2	中文天地出版传媒股份有限公司	中文传媒	上证 A 股	13.70
3	江苏凤凰出版传媒股份有限公司	凤凰传媒	上证 A 股	12.29
4	中原大地传媒股份有限公司	大地传媒	深证 A 股	6.97
5	长江出版传媒股份有限公司	长江传媒	上证 A 股	6.14
6	南方出版传媒股份有限公司	南方传媒	上证 A 股	5.05
7	时代出版传媒股份有限公司	时代出版	上证 A 股	4.13
8	青岛城市传媒股份有限公司	城市传媒	上证 A 股	2.82
9	北方联合出版传媒（集团）股份有限公司	出版传媒	上证 A 股	1.27
10	读者出版传媒股份有限公司	读者传媒	上证 A 股	0.82
—	合计	—	—	72.52

6.2.5.3 报业公司

报业公司利润总额共计 29.0 亿元，增加 10.8 亿元，增长 59.6%；占全体在内地上市出版传媒公司利润总额的 17.0%。

5 家报业公司的利润总额，降序依次为华闻传媒、浙报传媒、华媒控股、粤传媒和博瑞传播。

表 80　在中国内地上市的报业公司利润总额

单位：亿元人民币

排名	上市公司	股票简称	上市地点	利润总额
1	华闻传媒投资集团股份有限公司	华闻传媒	深证 A 股	12.35
2	浙报传媒集团股份有限公司	浙报传媒	上证 A 股	10.90
3	浙江华媒控股股份有限公司	华媒控股	深证 A 股	2.95
4	广东广州日报传媒股份有限公司	粤传媒	深证 A 股	1.85
5	成都博瑞传播股份有限公司	博瑞传播	上证 A 股	0.94
—	合计	—	—	28.99

6.2.5.4 发行公司

发行公司利润总额共计 22.3 亿元，增加 10.4 亿元，增长 87.5%；占全体在内地上市出版传媒公司利润总额的 13.1%。

5 家发行公司的利润总额，降序依次为皖新传媒、新华文轩、天舟文化、广弘控股和新华传媒。

表 81　在中国内地上市的发行公司利润总额

单位：亿元人民币

排名	上市公司	股票简称	上市地点	利润总额
1	安徽新华传媒股份有限公司	皖新传媒	上证 A 股	10.91
2	四川新华文轩出版传媒股份有限公司	新华文轩	上证 A 股	6.36
3	湖南天舟科教文化股份有限公司	天舟文化	深圳创业板	3.03
4	广东广弘控股股份有限公司	广弘控股	深证 A 股	1.48
5	上海新华传媒股份有限公司	新华传媒	上证 A 股	0.49
—	合计	—	—	22.26

6.2.5.5　印刷公司

印刷公司利润总额共计 34.9 亿元，增加 1.8 亿元，增长 5.4%；占全体在内地上市出版传媒公司利润总额的 20.4%。

10 家印刷公司的利润总额，降序依次为康得新、劲嘉股份、紫江企业、东港股份、永新股份、陕西金叶、鸿博股份、盛通股份、界龙实业和 *ST 中富。

表 82　在中国内地上市的印刷公司利润总额

单位：亿元人民币

排名	上市公司	股票简称	上市地点	利润总额
1	北京康得新复合材料股份有限公司	康得新	深证 A 股	23.02
2	深圳劲嘉彩印集团股份有限公司	劲嘉股份	深证 A 股	7.27
3	上海紫江企业集团股份有限公司	紫江企业	上证 A 股	3.21
4	东港安全印刷股份有限公司	东港股份	深证 A 股	2.79
5	黄山永新股份有限公司	永新股份	深证 A 股	2.43
6	陕西金叶科教集团股份有限公司	陕西金叶	深证 A 股	0.75
7	福建鸿博印刷股份有限公司	鸿博股份	深证 A 股	0.65
8	北京盛通印刷股份有限公司	盛通股份	深证 A 股	0.44
9	上海界龙实业集团股份有限公司	界龙实业	上证 A 股	0.04
10	珠海中富实业股份有限公司	*ST 中富	深证 A 股	−5.73
—	合计	—	—	34.87

6.2.5.6　新媒体公司

新媒体公司利润总额共计 11.9 亿元，增加 2.0 亿元，增长 20.8%；占全体在内地上市出版传媒公司利润总额的 7.0%。

3 家新媒体公司的利润总额，降序依次为昆仑万维、掌趣科技和中文在线。

表83 在中国内地上市的新媒体公司利润总额

单位：亿元人民币

排名	上市公司	股票简称	上市地点	利润总额
1	北京昆仑万维科技股份有限公司	昆仑万维	深证A股	5.69
2	北京掌趣科技股份有限公司	掌趣科技	深证A股	5.69
3	中文在线数字出版集团股份有限公司	中文在线	深证A股	0.53
—	合计	—	—	11.92

6.3 经济效益

6.3.1 总体情况

2016年，在中国内地上市的33家出版传媒公司保持了较高的盈利能力。平均净资产收益率为10.4%，显著高于当期一年期存款基准利率（1.50%）和贷款基准利率（4.35%），表明出版传媒上市公司整体具有较强的盈利能力。

各类出版传媒上市公司的平均净资产收益率，降序依次为出版公司、报业公司、发行公司、新媒体公司和印刷公司。

表84 在中国内地上市的出版传媒公司平均净资产收益率

单位:%

公司类型	平均净资产收益率	公司类型	平均净资产收益率
出版公司	11.52	新媒体公司	9.56
报业公司	10.07	印刷公司	9.50
发行公司	9.58	整体	10.44

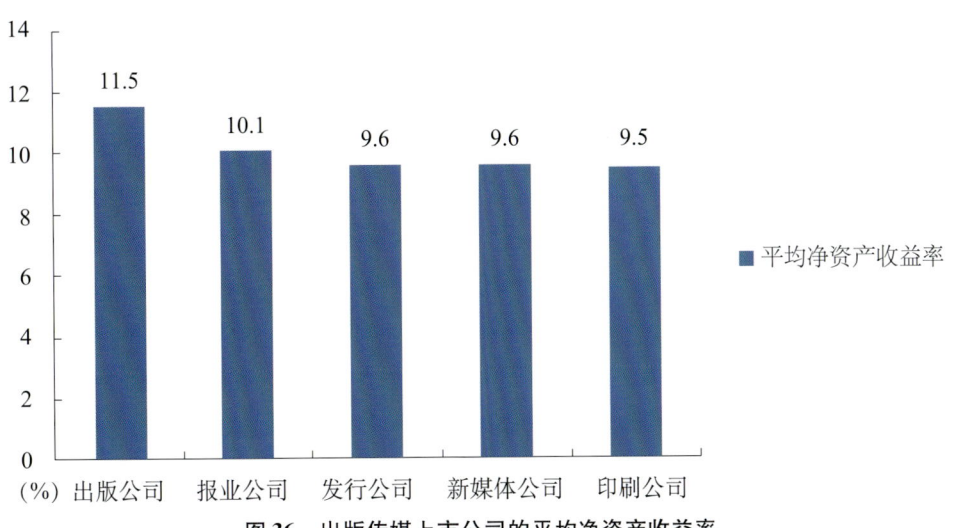

图36 出版传媒上市公司的平均净资产收益率

平均净资产收益率前 10 位的出版传媒公司，降序依次为昆仑万维、康得新、浙报传媒、东港股份、华媒控股、中南传媒、新华传媒、劲嘉股份、城市传媒和南方传媒。其中，出版公司 3 家、报业公司 2 家、发行公司 1 家、印刷公司 3 家、新媒体公司 1 家。

表 85　在中国内地上市的平均净资产收益率前 10 位出版传媒公司

单位:%

排名	上市公司	股票简称	业务类型	上市地点	收益率
1	北京昆仑万维科技股份有限公司	昆仑万维	新媒体	深证 A 股	18.61
2	北京康得新复合材料股份有限公司	康得新	印刷	深证 A 股	15.75
3	浙报传媒集团股份有限公司	浙报传媒	报业	上证 A 股	15.59
4	东港安全印刷股份有限公司	东港股份	印刷	深证 A 股	15.42
5	浙江华媒控股股份有限公司	华媒控股	报业	深证 A 股	15.30
6	中南出版传媒集团股份有限公司	中南传媒	出版发行	上证 A 股	15.02
7	安徽新华媒股份有限公司	新华传媒	发行	上证 A 股	14.75
8	深圳劲嘉彩印集团股份有限公司	劲嘉股份	印刷	深证 A 股	13.89
9	青岛城市传媒股份有限公司	城市传媒	出版发行	上证 A 股	13.59
10	南方出版传媒股份有限公司	南方传媒	出版发行	上证 A 股	13.41

6.3.2　出版公司

出版公司平均净资产收益率 11.5%，高出出版传媒上市公司平均净资产收益率 1.1 个百分点。

10 家出版公司的平均净资产收益率，降序依次为中南传媒、城市传媒、南方传媒、中文传媒、长江传媒、大地传媒、凤凰传媒、时代出版、出版传媒和读者传媒。

表 86　在中国内地上市的出版公司平均净资产收益率

单位:%

排名	上市公司	股票简称	上市地点	收益率
1	中南出版传媒集团股份有限公司	中南传媒	上证 A 股	15.02
2	青岛城市传媒股份有限公司	城市传媒	上证 A 股	13.59
3	南方出版传媒股份有限公司	南方传媒	上证 A 股	13.41
4	中文天地出版传媒股份有限公司	中文传媒	上证 A 股	11.91
5	长江出版传媒股份有限公司	长江传媒	上证 A 股	11.18
6	中原大地传媒股份有限公司	大地传媒	深证 A 股	10.49
7	江苏凤凰出版传媒股份有限公司	凤凰传媒	上证 A 股	10.21
8	时代出版传媒股份有限公司	时代出版	上证 A 股	8.49
9	北方联合出版传媒（集团）股份有限公司	出版传媒	上证 A 股	6.40
10	读者出版传媒股份有限公司	读者传媒	上证 A 股	4.80

6.3.3 报业公司

报业公司平均净资产收益率10.1%，低于出版传媒上市公司平均水平0.4个百分点。

5家报业公司的平均净资产收益率，降序依次为浙报传媒、华媒控股、华闻传媒、粤传媒和博瑞传播。

表87　在中国内地上市的报业公司平均净资产收益率

单位:%

排名	上市公司	股票简称	上市地点	收益率
1	浙报传媒集团股份有限公司	浙报传媒	上证A股	15.59
2	浙江华媒控股股份有限公司	华媒控股	深证A股	15.30
3	华闻传媒投资集团股份有限公司	华闻传媒	深证A股	10.70
4	广东广州日报传媒股份有限公司	粤传媒	深证A股	5.03
5	成都博瑞传播股份有限公司	博瑞传播	上证A股	1.42

6.3.4 发行公司

发行公司的平均净资产收益率为9.6%，低于出版传媒上市公司平均水平0.9个百分点。

5家发行公司的平均净资产收益率，降序依次为皖新传媒、广弘控股、新华文轩、天舟文化、和新华传媒。

表88　在中国内地上市的发行公司平均净资产收益率

单位:%

排名	上市公司	股票简称	上市地点	收益率
1	安徽新华传媒股份有限公司	皖新传媒	上证A股	14.75
2	广东广弘控股股份有限公司	广弘控股	深证A股	8.94
3	新华文轩出版传媒股份有限公司	新华文轩	上证A股	8.11
4	天舟文化股份有限公司	天舟文化	深圳创业板	8.04
5	上海新华传媒股份有限公司	新华传媒	上证A股	1.57

6.3.5 印刷公司

印刷公司的平均净资产收益率为9.5%，低于出版传媒上市公司平均水平0.9个百分点。

10家印刷上市公司的平均净资产收益率，降序依次为康得新、东港股份、劲嘉股份、永新股份、盛通股份、紫江企业、陕西金叶、鸿博股份、界龙实业、和＊ST中富。界龙实业和＊ST中富为负。

表89 在中国内地上市的印刷公司平均净资产收益率

单位：%

排名	上市公司	股票简称	上市地点	收益率
1	北京康得新复合材料股份有限公司	康得新	深证A股	15.75
2	东港安全印刷股份有限公司	东港股份	深证A股	15.42
3	深圳劲嘉彩印集团股份有限公司	劲嘉股份	深证A股	13.89
4	黄山永新股份有限公司	永新股份	深证A股	12.08
5	北京盛通印刷股份有限公司	盛通股份	深证A股	5.48
6	上海紫江企业集团股份有限公司	紫江企业	上证A股	5.33
7	陕西金叶科教集团股份有限公司	陕西金叶	深证A股	5.13
8	福建鸿博印刷股份有限公司	鸿博股份	深证A股	2.85
9	上海界龙实业集团股份有限公司	界龙实业	上证A股	-1.50
10	珠海中富实业股份有限公司	＊ST中富	深证A股	-77.37

6.3.6 新媒体公司

新媒体公司的平均净资产收益率为9.6%，低于出版传媒上市公司平均水平0.9个百分点。

3家新媒体公司的平均净资产收益率，降序依次为昆仑万维、掌趣科技和中文在线。

表90 在中国内地上市的新媒体公司平均净资产收益率

单位：%

排名	上市公司	股票简称	上市地点	收益率
1	北京昆仑万维科技股份有限公司	昆仑万维	深证创业板	18.61
2	北京掌趣科技股份有限公司	掌趣科技	深证创业板	7.48
3	中文在线数字出版集团股份有限公司	中文在线	深证创业板	2.40

6.4 业务与经营

2016年，出版、发行、印刷业务整体呈现稳定增长态势，收入、利润稳中有升；传统报刊业务大幅下滑，报业公司经营呈现两极分化；新业态业务增长迅猛，数字出版、在线教育、新媒体、游戏娱乐、影视文化、大数据等新业态、新领域布局进一步广泛，整体发展势头良好。

6.4.1 出版公司

出版公司主业挺拔，出版、发行、印刷继续保持核心主业地位。出版、发行、印刷业务收入在各出版上市公司营业收入中所占比重平均为61.0%。其中7家公司出版、发行、印刷业务收入占比超过2/3。

出版业务整体营业收入稳中有增，整体情况向好。读者传媒新闻出版业务收入占比最高，达到67.4%，南方传媒、城市传媒出版业务营业收入占比超过30%。出版上市公司出版业务收入同比增长6.5%，9家公司出版业务收入实现正增长；长江传媒、城市传媒增长速度达20%左右，位居前列；个别公司出版业务营业收入和占比小幅下降。一般图书营业收入稳中有增，10家上市公司一般图书业务收入均实现正向增长。其中，南方传媒一般图书营业收入增长速度达18.5%，居出版上市公司之首。教材、教辅收入稳中有增，收入规模超过一般图书，仍是出版公司的重要收入来源。

发行业务整体营业收入平稳增长，占比进一步提高。除读者传媒、时代出版外，其余8家出版上市公司对发行业务在年报中进行了单独体现，其发行业务收入同比增长6.4%，城市传媒、出版传媒、中南传媒等3家公司同比增速超过10%。在上述8家出版上市公司中，4家公司发行营业收入占比超过50%。

印刷业务整体营业收入持平，各公司发展情况各异。除城市传媒、读者传媒外，其余8家出版上市公司对印刷业务在年报中进行了单独体现，增长和下滑的公司各有4家；印刷业务收入整体占比不高，平均仅为3.6%，各公司均不超过10%。出版传媒印刷业务收入同比增长64.4%，增速居出版公司之首。

新业态业务呈现快速发展态势，但规模有限。中文传媒、凤凰传媒、中南传媒、时代出版等4家公司将新业态业务列入主营业务。中文传媒的新业态、中南传媒的数字出版、时代出版的数字产品收入均实现了超过35%的高速增长。中文传媒以游戏公司智明星通为核心的新业态板块收入同比增长45.0%，占营业收入的比重达到38.0%，已经成为公司业务的重要支柱。不过，多数出版上市公司新业态业务收入占比不高。

6.4.2 报业公司

传统报刊业务继续大幅下滑，发展形势依旧严峻。受新媒体持续冲击影响，除华闻传媒外，其余4家公司报刊发行及广告业务收入均出现不同程度下降。随着报业市场的萎缩，粤传媒和华媒控股报刊发行业务整体营业收入同比下降27.3%和14.6%。

面对报刊业务的严峻形势，报业公司积极推进媒体融合步伐加快，培育新的利润增长点。报业公司一方面整合传播资源，打造新媒体传播矩阵，巩固主流媒体影响力，夯实主业；另一方面布局网络游戏、大数据等相关领域，缓解主业压力。华媒控股积极拓展新媒体业务，将其列入主营业务。华闻传媒通过打造覆盖用户主要生活和工作场景的立体化现代传播体系，数字内容服务业务收入同比增长30.9%，成为公司业务增长最快的版块。粤传媒和浙报传媒积极探索业务升级、媒体融合和跨界融合，推进产业升级转型。

6.4.3 发行公司

发行公司营业收入和净利润稳中有增，发行业务整体呈稳步增长态势，继续保持核心地位，收入占比均在40%以上。除广弘控股因实施发行和食品业务双主业布局，发行业务占比相对较低外，其余4家公司发行业务收入占比均在50%以上。

发行公司紧密结合自身经营优势，强化业务基础，完善产业布局，拓展业务类型，积极整合线上线下资源，努力探索传统业务与数字教育、金融的融合发展。各发行公司在文教用品销售、广告报刊等发行周边业务领域，移动网络游戏、多媒体等新业态产业，食品业等业务领域的基础上，积极开展供应链及物流服务业务和出版策划及服务业务。天舟文化移动网络游戏业务收入大幅增长37.7%，占营业收入比重接近45%，毛利率高达91.7%。皖新传媒积极推动与金融、科技融合，助力产业升级；打造三大物流园和物流大数据平台建设，物流金融模式发展迅速，供应链及物流服务业务全年实现营业收入3.6亿元，成为新的增长点。新华文轩教育服务业务板块销售收入较上年同期增长8.8%，增加3.0亿元，成为拉动公司业绩大幅提升的重要动力。

6.4.4 印刷公司

印刷公司产出和利润总体呈现增长态势，毛利率稳固提升，印刷及其相关衍生业务核心地位仍不可撼动。鉴于印刷公司各自细分业务差异较大，各分行业面临经营环境不同，个体经营差异明显。

转型升级已成为印刷公司寻求业绩增长的重要途径。部分公司紧跟行业热点，转型升级步伐较快，成效已初步显现。鸿博股份一方面充分挖掘公司现有的技术和市场资源，巩固与提升主营业务产业链，另一方面继续推进智能IC卡、物联网、电子彩票等新兴产业的发展。公司票证产品业务收入6.6亿元，占总体营业收入78.1%，同比增长39.5%。康得新投入5.4亿元研发经费用于高分子材料产品改良及调整，并将公司业务延伸至新能源汽车生态和互联网智能应用平台建设，光学膜销售收入75.2亿元，大幅提高 27.2%，占主营业务收入比重超过 80%，较 2015 年进一步提高，成为拉动公司业绩的主要动力。陕西金叶、界龙实业积极投入房地产业，房地产业营业收入占主营业务收入比重均超过 40%，成为继印刷业务之外的第二大主营业务。

6.4.5 新媒体公司

新媒体公司通过持续的业务模式创新、研发投入、市场拓展，构建泛娱乐新生态，推动业务稳定发展，产出利润保持高速增长态势。中文在线在数字出版基础上，打造 IP 上下游全产业链，在影视、游戏、动漫、数字阅读、有声听书等领域全面开花结果。掌趣科技专注于网络游戏尤其是移动游戏产品的开发、发行与运营。昆仑万维实行游戏开发与代理发行业务双轮驱动，着力打造"营运一体化"和"代理精品化"战略，从移动游戏到互联网工具、视频直播、亚文化领域、人工智能等方向对业务进行了全新升级，聚焦"打造海外领先的社交媒体和内容平台"，并优化商业模式，其原创西方奇幻题材的自研代表作《神魔圣域》不断拓展语言版本至多语言版本，在印尼、俄罗斯、波兰、阿根廷、巴西等多个新兴市场中长期保持游戏畅销榜前十的位置。掌趣科公司围绕游戏主业进行泛娱乐投资布局，在体育、动漫、影视、体育以及 VR 方面进行了一系列投资布局，开启 PS 及 PSVR 的体验项目。

第七章 产业基地（园区）情况分析

产业基地（园区）规模持续壮大。2016年，30家国家新闻出版产业基地（园区）实现营业收入2306.2亿元，拥有资产总额2934.5亿元；14家国家数字出版基地（园区）营业收入较2015年增长17.4%，资产总额增长36.6%。7家基地（园区）营业收入和资产总额均超过百亿元，组成"双百亿"基地（园区）队列；其中，数字出版产业基地（园区）占6家，新增西安国家数字出版基地和杭州国家数字出版产业基地2家。上海张江国家数字出版基地营业收入突破400亿元。

7.1 经济总量规模

依据30家国家新闻出版产业基地（园区）报送的数据汇总，上述基地（园区）2016年共实现营业收入2306.2亿元，利润总额309.6亿元，拥有资产总额2934.5亿元。其中，营业收入超过百亿元的7家，资产总额过百亿的11家，利润总额超过20亿的5家。

在30家产业基地（园区）中，营业收入超过400亿元的1家，即上海张江国家数字出版基地；营业收入在200亿元~300亿元之间的2家，即江苏国家数字出版基地和广东国家数字出版基地；在100亿元~200亿元之间的4家，降序依次为安徽国家数字出版基地、广东国家网络游戏动漫产业发展基地、西安国家数字出版基地和杭州国家数字出版产业基地；在50亿元~100亿元之间的7家，降序依次为天津国家数字出版基地、青岛国家数字出版产业基地、中国北京出版创意产业园区、中南国家数字出版基地、重庆两江新区国家数字出版基地、广东国家音乐创意产业基地和江西国家数字出版基地。上述14家基地（园区）营业收入合计占30家基地（园区）的84.8%。

营业收入不足50亿元的16家，降序依次为天津国家级新闻出版装备产业园、西安国家印刷包装产业基地、河北·廊坊国家印装产业园区、赣州吉安国家印刷包装产业基地、海峡国家数字出版产业基地、辽宁国家印刷产业基地、上海金山国家绿色创意印刷示范园区、成都国家音乐产业基地、华中国家数字出版产业基地、重庆市出版传媒创意区（中心）、北京国家音乐产业基地、华中国家绿色印刷包装物流产业园、辽宁国家动漫产业发展基地、黑龙江省平房国家动漫出版产业基地、上海国家音乐产业基地和北京国家数字出版基地。

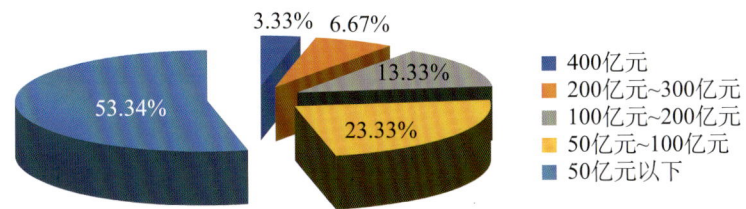

图37　国家新闻出版产业基地（园区）规模结构

上海张江国家数字出版基地、江苏国家数字出版基地、广东国家数字出版基地、安徽国家数字出版基地、广东国家网络游戏动漫产业发展基地、西安国家数字出版基地和杭州国家数字出版产业基地等7家基地（园区）资产总额和营业收入均超过100亿元，组成"双百亿"阵营。

7.2　数字出版基地（园区）经济规模

2016年，14家国家数字出版基地（园区）共实现营业收入1705.9亿元，较2015年增长17.4%；拥有资产总额1759.4亿元，增长36.6%；实现利润总额271.1亿元，增长3.8%。

7.2.1　营业收入

以营业收入衡量，14家国家数字出版基地（园区）降序依次为上海张江国家数字出版基地、江苏国家数字出版基地、广东国家数字出版基地、安徽国家数字出版基地、西安国家数字出版基地、杭州国家数字出版产业基地、天津国家数字出版基地、青岛国家数字出版产业基地、中南国家数字出版基地、重庆两江新区国家数字出版基地、江西国家数字出版基地、海峡国家数字出版产业基地、华中国家数字出版基地和北京国家数字出版基地。

在14家国家数字出版基地（园区）中，营业收入超过400亿元的1家，即上海张江国家数字出版基地；营业收入在200亿元～300亿元之间的2家，即江苏国家数字出版基地和广东国家数字出版基地，新增1家；在100亿元～200亿元之间的3家，即安徽国家数字出版基地、西安国家数字出版基地和杭州国家数字出版产业基地，新增1家；在50亿元～100亿元之间的5家，即天津国家数字出版基地、青岛国家数字出版产业基地、中南国家数字出版基地、重庆两江新区国家数字出版基地和江西国家数字出版基地；低于50亿元的3家，减少2家。

表91 国家数字出版基地（园区）的营业收入

单位：亿元,%

排名	基地（园区）	营业收入	在全体中所占比重 比重	在全体中所占比重 累计比重
1	上海张江国家数字出版基地	408.00	23.92	23.92
2	江苏国家数字出版基地	255.67	14.99	38.91
3	广东国家数字出版基地	233.85	13.71	52.62
4	安徽国家数字出版基地	193.15	11.32	63.94
5	西安国家数字出版基地	113.26	6.64	70.58
6	杭州国家数字出版产业基地	101.58	5.95	76.53
7	天津国家数字出版基地	81.78	4.79	81.32
8	青岛国家数字出版产业基地	78.08	4.58	85.90
9	中南国家数字出版基地	67.31	3.95	89.85
10	重庆两江新区国家数字出版基地	62.61	3.67	93.52
11	江西国家数字出版基地	55.47	3.25	96.77
12	海峡国家数字出版产业基地	33.40	1.96	98.73
13	华中国家数字出版基地	21.53	1.26	99.99
14	北京国家数字出版基地	0.23	0.01	100.00
—	合计	1705.92	100.00	—
—	平均	121.85	—	—

7.2.2 资产总额

以资产总额衡量，14家国家数字出版基地（园区）降序依次为安徽国家数字出版基地、上海张江国家数字出版基地、江苏国家数字出版基地、青岛国家数字出版产业基地、广东国家数字出版基地、西安国家数字出版基地、中南国家数字出版基地、杭州国家数字出版产业基地、重庆两江新区国家数字出版基地、天津国家数字出版基地、海峡国家数字出版产业基地、江西国家数字出版基地、华中国家数字出版基地和北京国家数字出版基地。

在14家国家数字出版基地（园区）中，资产总额超过300亿元的1家，即安徽国家数字出版基地；在200亿元~300亿元之间的2家，即上海张江国家数字出版基地和江苏国家数字出版基地；在100亿元~200亿元之间的5家，降序依次为青岛国家数字出版产业基地、广东国家数字出版基地、西安国家数字出版基地、中南国家数字出版基地和杭州国家数字出版产业基地；在50亿元～100亿元之间的2家，即重庆两江新区国家数字出版基地和天津国家数字出版基地；其余4家均少于50亿元。

表92 国家数字出版基地（园区）的资产总额

单位：亿元，%

排名	基地（园区）	资产总额	在全体中所占比重 比重	在全体中所占比重 累计比重
1	安徽国家数字出版基地	317.15	18.03	18.03
2	上海张江国家数字出版基地	243.00	13.81	31.84
3	江苏国家数字出版基地	205.10	11.66	43.50
4	青岛国家数字出版产业基地	181.09	10.29	53.79
5	广东国家数字出版基地	172.90	9.83	63.62
6	西安国家数字出版基地	150.48	8.55	72.17
7	中南国家数字出版基地	138.73	7.89	80.06
8	杭州国家数字出版产业基地	115.38	6.56	86.62
9	重庆两江新区国家数字出版基地	87.06	4.95	91.57
10	天津国家数字出版基地	57.10	3.25	94.82
11	海峡国家数字出版产业基地	34.70	1.97	96.79
12	江西国家数字出版基地	31.93	1.81	98.60
13	华中国家数字出版基地	23.13	1.31	99.91
14	北京国家数字出版基地	1.63	0.09	100.00
—	合计	1759.38	100.00	—
—	平均	1256.70	—	—

7.2.3 利润总额

以利润总额衡量，14家国家数字出版基地（园区）降序依次为上海张江国家数字出版基地、江西国家数字出版基地、重庆两江新区国家数字出版基地、广东国家数字出版基地、安徽国家数字出版基地、江苏国家数字出版基地、西安国家数字出版基地、海峡国家数字出版产业基地、杭州国家数字出版产业基地、青岛国家数字出版产业基地、中南国家数字出版基地、天津国家数字出版基地、华中国家数字出版基地和北京国家数字出版基地。

在14家国家数字出版基地（园区）中，利润总额超过50亿元的1家，即上海张江国家数字出版基地；在30亿元～50亿元之间的2家，即江西国家数字出版基地和重庆两江新区国家数字出版基地；在20亿元~30亿元之间的2家，即广东国家数字出版基地和安徽国家数字出版基地，减少1家；在10亿元~20亿元之间的2家，即江苏国家数字出版基地和西安国家数字出版基地，新增1家；其余7家均少于10亿元，其中1家亏损。

表93 国家数字出版基地（园区）的利润总额

单位：亿元，%

排名	基地（园区）	利润总额	比重	累计比重
1	上海张江国家数字出版基地	73.60	27.15	27.15
2	江西国家数字出版基地	39.01	14.39	41.54
3	重庆两江新区国家数字出版基地	37.01	13.65	55.19
4	广东国家数字出版基地	29.94	11.04	66.23
5	安徽国家数字出版基地	23.13	8.54	74.77
6	江苏国家数字出版基地	19.27	7.11	81.88
7	西安国家数字出版基地	17.76	6.55	88.43
8	海峡国家数字出版产业基地	9.30	3.43	91.86
9	杭州国家数字出版产业基地	7.31	2.70	94.56
10	青岛国家数字出版产业基地	6.60	2.43	96.99
11	中南国家数字出版基地	3.87	1.43	98.42
12	天津国家数字出版基地	3.59	1.32	99.74
13	华中国家数字出版基地	0.77	0.28	100.02
14	北京国家数字出版基地	-0.06	-0.02	100.00
—	合计	271.10	100.00	—
—	平均	19.36	—	—

附　录

表1　新闻出版产业结构

单位：亿元

产业类别	营业收入	资产总额	所有者权益（净资产）	利润总额
出版物出版	7366.06	4004.05	2463.18	624.01
图书出版	832.31	2106.48	1395.77	134.29
期刊出版	193.70	239.34	156.51	25.68
报纸出版	578.50	1572.04	859.12	30.14
音像制品出版	27.51	60.92	36.29	3.65
电子出版物出版	13.20	25.28	15.49	2.42
数字出版	5720.85	—	—	427.84
印刷复制	12711.59	14206.31	6959.30	882.70
其中：出版物印刷	1605.46	2475.74	1232.12	115.96
包装装潢印刷	9712.74	10263.38	4996.89	629.35
其他印刷品印刷	1084.49	1209.31	659.85	93.87
复制	26.61	69.82	39.31	−0.85
出版物发行	3426.61	3739.29	1771.57	281.97
出版物进出口	91.52	120.68	51.40	3.31
合计	23595.79	22070.33	11245.45	1791.99

说明：出版物印刷中包括专项排版制版装订。期刊增加值包括非独立核算单位。

表2 新闻出版产业结构（比重）

单位：%

产业类别	营业收入	资产总额	所有者权益（净资产）	利润总额
出版物出版	31.22	18.14	21.90	34.82
图书出版	3.53	9.54	12.41	7.49
期刊出版	0.82	1.08	1.39	1.43
报纸出版	2.45	7.12	7.64	1.68
音像制品出版	0.12	0.28	0.32	0.20
电子出版物出版	0.06	0.11	0.14	0.14
数字出版	24.24	—	—	23.88
印刷复制	53.87	64.38	61.89	49.26
其中：出版物印刷	6.80	11.22	10.96	6.47
包装装潢印刷	41.16	46.50	44.43	35.12
其他印刷品印刷	4.60	5.48	5.87	5.24
复制	0.11	0.32	0.35	-0.05
出版物发行	14.52	16.94	15.75	15.74
出版物进出口	0.39	0.55	0.46	0.18

说明：同表1。

表3 营业收入在各产业类别的分布

单位：亿元,%

排名	产业类别	营业收入	在全行业中所占比重 比重	在全行业中所占比重 累计比重
1	印刷复制	12711.59	53.87	53.87
—	包装装潢印刷	9712.74	41.16	—
—	出版物印刷	1605.46	6.80	—
—	其他印刷品印刷	1084.49	4.60	—
2	数字出版	5720.85	24.24	78.11
3	出版物发行	3426.61	14.52	92.63
4	图书出版	832.31	3.53	96.16
5	报纸出版	578.50	2.45	98.61
6	期刊出版	193.70	0.82	99.43
7	出版物进出口	91.52	0.39	99.82
8	音像制品出版	27.51	0.12	99.94
9	电子出版物出版	13.20	0.06	100.00
—	合计	23595.79	100.00	—

说明：1. 未包括版权贸易与代理、行业服务与其他新闻出版业务。
2. 出版物印刷中包括专项排版制版装订。

表 4 资产总额在各产业类别的分布

单位：亿元,%

排名	产业类别	资产总额	比重	累计比重
1	印刷复制	14206.31	64.38	64.38
—	包装装潢印刷	10263.38	46.50	—
—	出版物印刷	2475.74	11.22	—
—	其他印刷品印刷	1209.31	5.48	—
2	出版物发行	3739.29	16.94	81.32
3	图书出版	2106.48	9.54	90.86
4	报纸出版	1572.04	7.12	97.98
5	期刊出版	239.34	1.08	99.06
6	出版物进出口	120.68	0.55	99.61
7	音像制品出版	60.92	0.28	99.89
8	电子出版物出版	25.28	0.11	100.00
—	合计	22070.33	100.00	—

说明：同表3。

表5 所有者权益（净资产）在各产业类别的分布

单位：亿元，%

排名	产业类别	所有者权益（净资产）	在全行业中所占比重 比重	在全行业中所占比重 累计比重
1	印刷复制	6959.30	61.89	61.89
—	包装装潢印刷	4996.89	44.43	—
—	出版物印刷	1232.12	10.96	—
—	其他印刷品印刷	659.85	5.87	—
2	出版物发行	1771.57	15.75	77.64
3	图书出版	1395.77	12.41	90.05
4	报纸出版	859.12	7.64	97.69
5	期刊出版	156.51	1.39	99.08
6	出版物进出口	51.40	0.46	99.54
7	音像制品出版	36.29	0.32	99.86
8	电子出版物出版	15.49	0.14	100.00
—	合计	11245.45	100.00	—

说明：同表3。

表6　利润总额在各产业类别的分布

单位：亿元，%

排名	产业类别	利润总额	在全行业中所占比重 比重	在全行业中所占比重 累计比重
1	印刷复制	882.70	49.26	49.26
—	包装装潢印刷	629.35	35.12	—
—	出版物印刷	115.96	6.47	—
—	其他印刷品印刷	93.87	5.24	—
2	数字出版	427.84	23.88	73.14
3	出版物发行	281.97	15.74	88.88
4	图书出版	134.29	7.49	96.37
5	报纸出版	30.14	1.68	98.05
6	期刊出版	25.68	1.43	99.48
7	音像制品出版	3.65	0.20	99.68
8	出版物进出口	3.31	0.18	99.86
9	电子出版物出版	2.42	0.14	100.00
—	合计	1791.99	100.00	—

说明：同表3。

表7 出版物拥有情况

单位：种，册，份，印张，%

总体指标	数量	较2015年增减
百万人均拥有图书种数	363	4.61
人均年拥有图书数量	6.55	3.64
人均年拥有期刊数量	1.96	-6.67
每千人日均拥有报纸数量	77.50	-9.81
人均书报刊用纸量	159.28	-11.47

表8 出版物产品结构表

单位：亿册（张、份、盒），%，百分点

出版物类型	总印数 数量	总印数 增长速度	总印数 比重	总印数 比重变动
图书	90.37	4.32	17.61	1.88
期刊	26.97	-6.29	5.26	0.03
报纸	390.07	-9.31	76.03	-2.09
音像制品	2.76	-6.12	0.53	-0.00
电子出版物	2.91	35.57	0.57	0.18
合计	513.08	-6.81	100.00	0.00

表9 2016年单品种当年累计印数100万册及以上的书籍

单位：万册，套，万元

书籍名称	出版单位	新出或重印	内容分类	当年累计印数	定价总金额
习近平总书记系列重要讲话读本（2016年版，32开）	学习出版社	新出	政治、法律	4967.60	79481.60
中国共产党章程（64开平装）	人民出版社	重印	政治、法律	1017.51	3561.28
上海市民科学健身知识读本	上海科学普及出版社	新出	文化、科学、教育、体育	880.00	8800.00
奋发向上 崇德向善（初中生读本）	新世界出版社	重印	政治、法律	879.90	6159.30
习近平总书记系列重要讲话读本（2016年版，16开）	学习出版社	新出	政治、法律	523.29	19885.02
中国共产党党程（64开红皮镏金版）	中国法制出版社	新出	政治、法律	475.00	1662.50
习近平关于严明党的纪律和规矩论述摘编（小字本）	中国方正出版社	新出	政治、法律	440.00	5984.00
传承中华文化 共筑精神家园·初中生读本	新世界出版社	重印	文化、科学、教育、体育	419.14	3211.87
水与生命	浙江科学技术出版社	重印	医药、卫生	380.01	1520.02
关于新形势下党内政治生活的若干准则 中国共产党党内监督条例（国际32开）	人民出版社	新出	政治、法律	363.00	2541.00
中国共产党章程 中国共产党廉洁自律准则 中国共产党纪律处分条例 中国共产党党员权利保障条例	中国法制出版社	新出	政治、法律	355.00	4260.00
百年追梦 全面小康·小学中高年级读本（标准本）	中国妇女出版社	新出	经济	341.60	2732.80
全面小康热点面对面	学习出版社	新出	经济	290.00	5220.00
在庆祝中国共产党成立95周年大会上的讲话	人民出版社	新出	政治、法律	287.00	861.00
关于新形势下党内政治生活的若干准则 中国共产党党内监督条例	中国法制出版社	新出	政治、法律	250.00	1250.00
新华字典（第11版）	商务印书馆	重印	语言、文字	240.00	4776.00

续表

书籍名称	出版单位	新出或重印	内容分类	当年累计印数	定价总金额
中国共产党章程 中国共产党廉洁自律准则 中国共产党纪律处分条例（烫金版）	中国法制出版社	重印	政治,法律	235.00	2350.00
百年追梦 全面小康·小学中高年级读本	中国妇女出版社	新出	经济	226.91	1588.37
古汉语常用字字典（第5版）	商务印书馆	重印	语言,文字	220.00	8778.00
《中华人民共和国反洗钱法》颁布实施十周年（2007—2016）	中国金融出版社	新出	政治,法律	210.01	1050.05
诚信课堂（小学高年级版）	湖南教育出版社	新出	文化,科学,教育,体育	205.64	3078.09
习近平关于严明党的纪律和规矩论述摘编（大字本）	中国方正出版社	新出	政治,法律	203.00	4060.00
墨多多谜境冒险系列 查理九世（26）·雪山巨魔	浙江少年儿童出版社	新出	文学	200.02	3000.29
关于新形势下党内政治生活的若干准则	人民出版社	新出	政治,法律	200.00	800.00
中国共产党党内监督条例	人民出版社	新出	政治,法律	200.00	600.00
国防教育·八年级下	湖南人民出版社	重印	文化,科学,教育,体育	192.33	2307.97
我们仨	生活·读书·新知三联书店	重印	文学	190.00	4370.00
中国公民健康素养——基本知识与技能（2015年版）	广西师范大学出版社	新出	医药,卫生	183.53	734.12
总体国家安全观干部读本	人民出版社	新出	政治,法律	181.00	8145.00
墨多多谜境冒险系列 查理九世（进级版27）·九尾灵猫	浙江少年儿童出版社	新出	文学	180.02	2700.29
中国共产党廉洁自律准则 中国共产党纪律处分条例	中国法制出版社	重印	政治,法律	180.00	1080.00
中国共产党问责条例	中国方正出版社	新出	政治,法律	178.00	445.00

续表

书籍名称	出版单位	新出或重印	内容分类	当年累计印数	定价总金额
新编学生字典（双色本）	人民教育出版社	重印	文化、科学、教育、体育	177.64	3517.29
百年追梦 全面小康·小学低年级读本（标准本）	中国妇女出版社	新出	经济	171.60	1372.80
追风筝的人	上海人民出版社	重印	文学	168.90	4898.10
中国共产党廉洁自律准则 中国共产党纪律处分条例	中国方正出版社	重印	政治、法律	160.56	963.37
中国共产党章程 中国共产党廉洁自律准则 中国共产党纪律处分条例	人民出版社	重印	政治、法律	160.00	1280.00
中国共产党党员权利保障条例（32开红皮烫金版）	中国法制出版社	新出	政治、法律	155.00	465.00
深入贯彻《反洗钱法》增强反洗钱意识	中国金融出版社	新出	政治、法律	150.01	750.06
中国共产党章程 中国共产党廉洁自律准则 中国共产党纪律处分条例	法律出版社	重印	政治、法律	148.00	1480.00
百年追梦 全面小康·初中生读本	新世界出版社	新出	经济	144.40	1010.80
预防艾滋病——青少年健康教育手册	广西师范大学出版社	新出	医药、卫生	143.61	574.44
中国共产党的九十年（全三册）	中共党史出版社	新出	政治、法律	140.43	21064.73
《关于新形势下党内政治生活的若干准则》《中国共产党党内监督条例》辅导读本	人民出版社	新出	政治、法律	140.00	4480.00
传承中华文化 共筑精神家园·初中生读本（普及本）	新世界出版社	新出	文化、科学、教育、体育	139.90	839.40
劳动最美——中小学劳动教育（小学中、高年级版）	湖北教育出版社	新出	文化、科学、教育、体育	138.26	1382.57
知之深 爱之切	河北人民出版社	新出	政治、法律	137.54	5226.52
朝读经典·践行社会主义核心价值观学生读本（一年级）	武汉大学出版社	新出	文化、科学、教育、体育	135.50	928.18

续表

书籍名称	出版单位	新出或重印	内容分类	当年累计印数	定价总金额
走复兴路 圆中国梦·初中生读本	新世界出版社	重印	政治、法律	135.40	947.80
目送	广西师范大学出版社	重印	文学	132.73	5707.26
国防教育·七年级下	湖南人民出版社	重印	文化、科学、教育、体育	132.19	1586.28
现代汉语词典(第7版)	商务印书馆	重印	语言、文字	130.00	14170.00
笑猫日记·转动时光的伞	明天出版社	新出	文学	130.00	1950.00
中国共产党第十八届中央委员会第六次全体会议公报	人民出版社	重印	政治、法律	128.63	455.00
新编学生字典	人民教育出版社	重印	文化、科学、教育、体育	127.27	1800.80
传承中华文化 共筑精神家园·小学中高年级读本	中国妇女出版社	重印	文化、科学、教育、体育	127.00	890.91
平凡的世界(全三册)	北京十月文艺出版社	重印	文学	125.43	10134.60
语文作业本·四年级下(人教版)	浙江教育出版社	重印	文化、科学、教育、体育	125.00	664.77
中国共产党第十八届中央委员会第六次全体会议文件汇编	人民出版社	新出	政治、法律	125.00	1000.00
中国共产党问责条例(32开烫金版)	中国法制出版社	新出	政治、法律	124.79	312.50
语文作业本·五年级下(人教版)	浙江教育出版社	重印	文化、科学、教育、体育	123.70	673.86
朝读经典·践行社会主义核心价值观学生读本(三年级)	武汉大学出版社	新出	文化、科学、教育、体育	121.11	847.35
语文作业本·六年级下(人教版)	浙江教育出版社	重印	文化、科学、教育、体育	120.00	641.88
笑猫日记·樱花巷的秘密	明天出版社	新出	文学	118.74	1800.00
曹文轩纯美小说·草房子	江苏凤凰少年儿童出版社	重印	文学	117.31	2512.33
永远的长征——纪念红军长征胜利80周年(小学中、高年级版)	湖北教育出版社	新出	文化、科学、教育、体育		1173.12

续表

书籍名称	出版单位	新出或重印	内容分类	当年累计印数	定价总金额
朝读经典·践行社会主义核心价值观学生读本（三年级）	武汉大学出版社	新出	文化,科学,教育,体育	116.50	798.03
百年追梦 全面小康·小学低年级读本	中国妇女出版社	新出	经济	114.89	804.23
小学语文补充习题·一年级上册（苏教版）	江苏凤凰教育出版社	新出	文化,科学,教育,体育	114.55	159.90
朝读经典·践行社会主义核心价值观学生读本（四年级）	武汉大学出版社	新出	文化,科学,教育,体育	114.00	780.90
小学数学补充习题·一年级上册（课标苏教版）	江苏凤凰教育出版社	重印	文化,科学,教育,体育	113.82	157.30
中国共产党党员权利保障条例	人民出版社	新出	政治,法律	113.00	395.50
活着（新版）	作家出版社	新出	文学	111.22	2224.40
中国共产党廉洁自律准则 中国共产党纪律处分条例 中国共产党党员权利保障条例 中国共产党党内监督条例（试行）（压纹烫金版）	中国法制出版社	重印	政治,法律	111.00	1110.00
朝读经典·践行社会主义核心价值观学生读本（五年级）	武汉大学出版社	新出	文化,科学,教育,体育	110.35	755.90
"建设美丽新疆 共圆祖国梦想"系列连环画 住村干部亚克西	新疆科学技术出版社	新出	艺术	110.01	550.04
"建设美丽新疆 共圆祖国梦想"系列连环画 幸福大家庭	新疆人民出版社	新出	艺术	110.01	550.03
"建设美丽新疆 共圆祖国梦想"系列连环画 援疆干部黄群超	新疆人民出版社	新出	艺术	110.01	550.03
"建设美丽新疆 共圆祖国梦想"系列连环画 库尔班和他的国语小学	新疆美术摄影出版社	新出	艺术	110.00	550.02
"建设美丽新疆 共圆祖国梦想"系列连环画 民族团结真情	新疆美术摄影出版社	新出	艺术	110.00	550.02

续表

书籍名称	出版单位	新出或重印	内容分类	当年累计印数	定价总金额
"建设美丽新疆 共圆祖国梦想"系列连环画剧重演	新疆教育出版社	新出	艺术	110.00	550.00
"两学一做"学习教育手册	人民出版社	新出	政治、法律	110.00	3080.00
小学语文习字册·二年级上册（课标苏教版）	江苏凤凰教育出版社	重印	文化、科学、教育、体育	109.87	357.54
仁爱英语同步练习册·七年级上册（单色版）	科学普及出版社	重印	文化、科学、教育、体育	109.01	1400.72
仁爱英语同步练习册·八年级上册（单色版）	科学普及出版社	重印	文化、科学、教育、体育	107.01	1438.28
数学补充习题·一年级下册（苏教版）	江苏凤凰教育出版社	重印	文化、科学、教育、体育	106.47	147.63
仁爱英语同步练习册·七年级下册（单色版）	科学普及出版社	重印	文化、科学、教育、体育	106.01	1307.05
小学语文习字册·三年级上册（课标苏教版）	江苏凤凰教育出版社	重印	文化、科学、教育、体育	105.98	345.14
小学语文习字册·二年级下册（课标苏教版）	江苏凤凰教育出版社	重印	文化、科学、教育、体育	105.77	342.68
小学语文补充习题·一年级下册（苏教版）	江苏凤凰教育出版社	新出	文化、科学、教育、体育	105.07	147.23
朝读经典·践行社会主义核心价值观学生读本（六年级）	湖北人民出版社	新出	文化、科学、教育、体育	105.03	719.47
扶贫到户画说政策	湖北美术出版社	重印	经济	105.00	525.00
小学语文习字册 硬笔·三年级下册（课标苏教版）	江苏凤凰教育出版社	重印	文化、科学、教育、体育	102.78	332.69
小学语文补充习题·二年级上册（课标苏教版）	江苏凤凰教育出版社	重印	文化、科学、教育、体育	102.56	143.32
小学数学补充习题·二年级上册（课标苏教版）	江苏凤凰教育出版社	重印	文化、科学、教育、体育	102.47	142.18
肖秀荣考研政治命题人终极预测4套卷·2017	北京航空航天大学出版社	新出	政治、法律	102.00	1938.00

续表

书籍名称	出版单位	新出或重印	内容分类	当年累计印数	定价总金额
朗文·外研社新概念英语2(08新版)	外语教学与研究出版社	重印	语言,文字	101.70	4007.30
小学语文习字册 硬笔·四年级上册(课标苏教版)	江苏凤凰教育出版社	重印	文化,科学,教育,体育	101.51	328.72
胡锦涛文选(第一卷)(平装本)	人民出版社	新出	政治,法律	101.04	4344.51
胡锦涛文选(第二卷)(平装本)	人民出版社	新出	政治,法律	101.04	4849.68
胡锦涛文选(第三卷)(平装本)	人民出版社	新出	政治,法律	101.04	4849.68
数学补充习题·二年级下册(苏教版)	江苏凤凰教育出版社	重印	文化,科学,教育,体育	100.88	140.02
中国共产党党费交纳手册	中国方正出版社	新出	政治,法律	100.40	351.39
党的十八届六中全会文件学习辅导百问	党建读物出版社	新出	政治,法律	100.10	2602.60
四级词汇词根+联想记忆法(乱序版)	浙江教育出版社	重印	文化,科学,教育,体育	100.01	3500.25
新华字典(第11版,双色本)	商务印书馆	重印	语言,文字	100.00	2490.00
你好驾驶人·新驾驶人篇	人民交通出版社	新出	交通运输	100.00	1200.00
毒品预防手册	广西人民出版社	新出	政治,法律	100.00	2000.00
党员阅读2016	广西人民出版社	新出	政治,法律	100.00	300.00

说明:内容分类采用中图分类法。

表10　2016年平均期印数100万册及以上的期刊

单位：万册，万元

刊号	期刊名称	所属地区	期刊类别	刊期	平均期印数	总印数	定价总金额
CN11-4677/D	时事报告（大学生版）	中央在京	政治、法律	半年刊	371.56	743.12	10032.13
CN62-1118/Z	读者	甘肃	综合	半月刊	290.95	6982.92	41897.49
CN42-1631/Z	特别关注	湖北	综合	月刊	197.15	2365.85	11829.23
CN11-1000/D	求是	中央在京	政治、法律	半月刊	162.00	3888.00	22550.40
CN33-1174/G4	小学生时代	浙江	文化、科学、教育、体育	月刊	161.66	1939.91	9699.57
CN11-4129/D	中共中央办公厅通讯	中央在京	政治、法律	月刊	156.00	1872.00	9360.00
CN11-1222/C	青年文摘	中央在京	社会科学总论	半月刊	118.45	2842.80	14214.00
CN11-3321/D	时事报告（《时事报告》中学生版）	中央在京	政治、法律	月刊	115.53	1386.42	4159.25
CN44-1121/R	家庭医生	广东	医药、卫生	半月刊	106.90	2565.50	12827.52
CN11-1271/D	半月谈	中央在京	政治、法律	半月刊	105.27	2526.41	8842.44

表11 2016年平均期印数100万份及以上的报纸

单位：万份，万元

报纸名称	刊期	所在省份	内容类别	平均期印数	总印数	定价总金额
英语周报	周一刊	山西	专业类	1353.13	70362.63	56290.10
当代中学生报	周一刊	江西	专业类	707.00	31108.00	31108.00
学习方法报	周一刊	山西	专业类	576.76	29991.71	29991.71
中学生学习报	周一刊	河南	专业类	532.00	27664.00	24897.60
英语辅导报	周一刊	吉林	专业类	343.00	17836.00	35672.00
人民日报	周七刊	中央在京	综合类	337.33	123461.28	148153.54
关心下一代周报	周一刊	江苏	读者对象类	231.05	11552.27	3465.68
语文学习报	周一刊	吉林	专业类	216.00	11232.00	22464.00
参考消息	周七刊	中央在京	综合类	214.36	78455.61	78455.61
南方都市报	周七刊	广东	综合类	169.00	61685.00	123370.00
新华每日电讯	周七刊	中央在京	综合类	154.54	56562.23	45249.78
快乐学习报	周一刊	河南	读者对象类	151.60	7883.20	6306.56
学生周报	周一刊	福建	专业类	143.00	7436.00	5948.80
快乐老人报	周二刊	湖南	专业类	142.15	14214.76	14214.76
钱江晚报	周七刊	浙江	综合类	140.00	51240.00	51240.00
英语测试报	周一刊	吉林	专业类	136.15	7079.54	5663.63
半岛都市报	周七刊	山东	综合类	122.00	43676.00	43676.00
都市快报	周七刊	浙江	综合类	120.00	43800.00	35040.00
广州日报	周七刊	广东	综合类	120.00	43800.00	43800.00
广州日报社区报	周一刊	广东	综合类	120.00	5760.00	0.00
学英语报	周三刊	山西	专业类	116.09	18110.04	25354.06
中国纪检监察报	周一刊	中央在京	专业类	111.10	39107.20	28157.18
齐鲁晚报	周七刊	山东	综合类	110.00	39380.00	39380.00
扬子晚报	周七刊	江苏	综合类	103.00	37286.00	37286.00
环球时报	周六刊	中央在京	综合类	102.97	30067.97	45101.96

说明：《广州日报社区报》为赠阅类报纸，无定价，故定价总金额为零。

表12　2016年单品种出版数量100万盒(张)及以上的音像制品

单位：万盒(张)

音像制品名称	出版单位	类别	内容分类	新版或再版	出版数量
(湖南专用)义务教育教科书 英语 七年级下册 P	人民教育电子音像出版社有限公司	录音	教育	再版	218.65
义务教育教科书 英语 七年级下册 P	人民教育电子音像出版社有限公司	录音	教育	再版	180.83
义务教育教科书 英语 八年级下册 P	人民教育电子音像出版社有限公司	录音	教育	再版	166.95
普通高中课程标准实验教科书 英语 4 必修 P	人民教育电子音像出版社有限公司	录音	教育	再版	137.10
义务教育教科书 英语 九年级全一册 P1	人民教育电子音像出版社有限公司	录音	教育	再版	132.93
义务教育教科书 英语(PEP)(三年级起点)五年级上册 P	人民教育电子音像出版社有限公司	录音	教育	再版	130.60
普通高中课程标准实验教科书 音乐鉴赏 配套光盘 学生用光盘 MP3 (湘艺版)	国风电子音像出版社	录音	教育	再版	125.60
义务教育教科书 英语(PEP)(三年级起点)三年级上册 P	人民教育电子音像出版社有限公司	录音	教育	再版	123.90
义务教育教科书 英语(PEP)(三年级起点)六年级下册 P	人民教育电子音像出版社有限公司	录音	教育	再版	122.63
义务教育教科书 英语 七年级上册	人民教育电子音像出版社有限公司	录音	教育	再版	120.70
义务教育教科书 英语(PEP)(三年级起点)三年级下册 P	人民教育电子音像出版社有限公司	录音	教育	再版	119.81
义务教育教科书 英语(PEP)(三年级起点)五年级下册 P	人民教育电子音像出版社有限公司	录音	教育	再版	118.39
义务教育教科书 英语(PEP)(三年级起点)四年级下册 P	人民教育电子音像出版社有限公司	录音	教育	再版	118.18
义务教育教科书 英语(PEP)(三年级起点)五年级上册 P	人民教育电子音像出版社有限公司	录音	教育	再版	116.43
义务教育教科书 英语 八年级上册 P	人民教育电子音像出版社有限公司	录音	教育	再版	113.97
牛津高中英语·学生用书(模块6)	江苏凤凰电子音像出版社有限公司	录音	教育	再版	111.00
义务教育教科书 英语 七年级下册	人民教育电子音像出版社有限公司	录音	教育	再版	108.62
义务教育教科书 英语 八年级上册 P	人民教育电子音像出版社有限公司	录音	教育	再版	106.42
义务教育教科书 英语(PEP)(三年级起点)五年级下册	人民教育电子音像出版社有限公司	录音	教育	再版	106.40
义务教育教科书 英语 八年级下册	人民教育电子音像出版社有限公司	录音	教育	再版	103.21
普通高中课程标准实验教科书 英语 3 必修 P	人民教育电子音像出版社有限公司	录音	教育	再版	102.91

表13　2016年单品种出版数量100万张及以上的电子出版物

单位：万张

电子出版物名称	出版单位	内容分类	新版或再版	出版数量
显示器驱动光盘系列	三辰影库音像出版社	综合	新出	800.00
HP驱动光盘系列	三辰影库音像出版社	综合	新出	800.00
Lenovo驱动程序系列	三辰影库音像出版社	综合	新出	500.00
EPSON硬件配套光盘	三辰影库音像出版社	综合	新出	500.00
普通高中课程标准实验教科书思想政治1（必修）配套光盘（修订版）	人民教育电子音像出版社	其他	再版	343.28
普通高中课程标准实验教科书生物1（必修）配套光盘（修订版）	人民教育电子音像出版社	其他	再版	331.78
凤凰高中通用技术配套教学软件技术与设计2	江苏凤凰电子音像出版社	其他	再版	320.33
普通高中课程标准实验教科书语文1（必修）配套光盘（修订版）	人民教育电子音像出版社	其他	再版	317.59
普通高中课程标准实验教科书化学1（必修）配套光盘（修订版）	人民教育电子音像出版社	其他	再版	304.80
普通高中课程标准实验教科书生物3（必修）配套光盘（修订版）	人民教育电子音像出版社	其他	再版	301.91
普通高中课程标准实验教科书物理1（必修）配套光盘（修订版）	人民教育电子音像出版社	其他	再版	295.16
普通高中课程标准实验教科书思想政治2（必修）配套光盘（修订版）	人民教育电子音像出版社	其他	再版	290.11
普通高中课程标准实验教科书数学1（必修）（A版）配套光盘（修订版）	人民教育电子音像出版社	其他	再版	289.03

续表

电子出版物名称	出版单位	内容分类	新版或再版	出版数量
普通高中课程标准实验教科书物理2（必修）配套光盘（修订版）	人民教育电子音像出版社	其他	再版	285.20
普通高中课程标准实验教科书数学4（必修）（A版）配套光盘（修订版）	人民教育电子音像出版社	其他	再版	279.84
普通高中课程标准实验教科书生物2（必修）配套光盘（修订版）	人民教育电子音像出版社	其他	再版	277.52
普通高中课程标准实验教科书数学3（必修）（A版）配套光盘（修订版）	人民教育电子音像出版社	其他	再版	276.89
普通高中课程标准实验教科书语文2（必修）配套光盘（修订版）	人民教育电子音像出版社	其他	再版	270.62
普通高中课程标准实验教科书语文4（必修）配套光盘（修订版）	人民教育电子音像出版社	其他	再版	270.51
普通高中课程标准实验教科书语文3（必修）配套光盘（修订版）	人民教育电子音像出版社	其他	再版	266.59
普通高中课程标准实验教科书语文5（必修）配套光盘（修订版）	人民教育电子音像出版社	其他	再版	260.99
普通高中课程标准实验教科书思想政治4（必修）配套光盘（修订版）	人民教育电子音像出版社	其他	再版	258.83
普通高中课程标准实验教科书思想政治3（必修）配套光盘（修订版）	人民教育电子音像出版社	其他	再版	253.23
普通高中课程标准实验教科书化学2（必修）配套光盘（修订版）	人民教育电子音像出版社	其他	再版	251.90
普通高中课程标准实验教科书数学2（必修）（A版）配套光盘（修订版）	人民教育电子音像出版社	其他	再版	240.85

续表

电子出版物名称	出版单位	内容分类	新版或再版	出版数量
普通高中课程标准实验教科书数学5（必修）（A版）配套光盘（修订版）	人民教育电子音像出版社	其他	再版	239.27
高中信息技术（必修） 信息技术基础配套光盘	广东教育出版社	其他	再版	235.27
雍和宫门票	三辰影库音像出版社	综合	新出	200.00
普通高中课程标准实验教科书地理1（必修）配套光盘（修订版）	人民教育电子音像出版社	其他	再版	191.07
普通高中课程标准实验教科书地理3（必修）配套光盘（修订版）	人民教育电子音像出版社	其他	再版	172.40
普通高中课程标准实验教科书英语4（必修）配套光盘（修订版）	人民教育电子音像出版社	其他	再版	171.75
普通高中课程标准实验教科书英语1（必修）配套光盘（修订版）	人民教育电子音像出版社	其他	再版	167.99
普通高中课程标准实验教科书英语2（必修）配套光盘（修订版）	人民教育电子音像出版社	其他	再版	167.59
信息技术基础（必修）学生用书配套光盘	中央教育科学研究所音像出版社	其他	再版	164.00
普通高中课程标准实验教科书英语5（必修）配套光盘（修订版）	人民教育电子音像出版社	其他	再版	158.69
普通高中课程标准实验教科书历史1（必修）配套光盘（修订版）	人民教育电子音像出版社	其他	再版	158.12
普通高中课程标准实验教科书历史2（必修）配套光盘（修订版）	人民教育电子音像出版社	其他	再版	150.41
普通高中课程标准实验教科书地理2（必修）配套光盘（修订版）	人民教育电子音像出版社	其他	再版	144.40

续表

电子出版物名称	出版单位	内容分类	新版或再版	出版数量
普通高中课程标准实验教科书历史3（必修）配套光盘（修订版）	人民教育电子音像出版社	其他	再版	139.71
普通高中课程标准实验教科书英语3（必修）配套光盘（修订版）	人民教育电子音像出版社	其他	新出	139.15
义务教育课程标准实验教科书·语文（二年级下册）配套光盘	人民教育电子音像出版社	其他	再版	113.64
普通高中课程标准实验教科书英语1（必修）配套光盘	人民教育电子音像出版社	其他	再版	111.99
普通高中课程标准实验教科书英语2（必修）配套光盘	人民教育电子音像出版社	其他	再版	111.59
普通高中课程标准实验教科书英语4（必修）配套光盘	人民教育电子音像出版社	其他	再版	109.94
普通高中课程标准实验教科书英语5（必修）配套光盘	人民教育电子音像出版社	其他	再版	107.85
义务教育教科书·英语（九年级）配套光盘	人民教育电子音像出版社	其他	再版	103.93
普通高中课程标准实验教科书英语6（选修）配套光盘	人民教育电子音像出版社	其他	再版	101.56

表14 营业收入在各地区的分布

单位：亿元,%

排名	地区	营业收入	在全国所占比重 比重	在全国所占比重 累计比重
1	广东	2289.48	12.81	12.81
2	山东	2025.22	11.33	24.14
3	江苏	1790.98	10.02	34.16
4	浙江	1537.04	8.60	42.76
5	北京	1274.84	7.13	49.89
6	上海	1111.60	6.22	56.11
7	安徽	925.47	5.17	61.28
8	河北	908.00	5.08	66.36
9	福建	813.29	4.55	70.91
10	江西	728.52	4.08	74.99
11	湖北	690.46	3.86	78.85
12	四川	652.05	3.65	82.50
13	湖南	429.60	2.40	84.90
14	河南	412.47	2.31	87.21
15	陕西	321.44	1.80	89.01
16	天津	315.27	1.76	90.77
17	重庆	282.40	1.58	92.35
18	广西	211.24	1.18	93.53
19	云南	187.24	1.05	94.58
20	辽宁	171.00	0.96	95.54
21	山西	148.29	0.83	96.37
22	吉林	118.77	0.66	97.03
23	黑龙江	105.34	0.59	97.62
24	贵州	96.82	0.54	98.16
25	内蒙古	87.43	0.49	98.65
26	甘肃	82.15	0.46	99.11
27	新疆	63.90	0.36	99.47
28	海南	41.48	0.23	99.70
29	宁夏	27.99	0.16	99.86
30	青海	12.23	0.07	99.93
31	西藏	10.22	0.05	99.98
32	兵团	2.70	0.02	100.00
—	合计	17874.94	100.00	—
—	平均	541.66	—	—

表 15　利润总额在各地区的分布

单位：亿元,%

排名	地区	利润总额	在全国所占比重 比重	在全国所占比重 累计比重
1	山东	178.12	13.06	13.06
2	北京	114.13	8.37	21.43
3	江苏	113.97	8.35	29.78
4	广东	113.16	8.29	38.07
5	浙江	101.20	7.42	45.49
6	河北	77.99	5.72	51.21
7	安徽	74.74	5.48	56.69
8	江西	66.58	4.88	61.57
9	四川	63.11	4.63	66.19
10	上海	54.84	4.02	70.21
11	湖北	54.74	4.01	74.23
12	河南	48.44	3.55	77.78
13	陕西	45.96	3.37	81.15
14	湖南	41.86	3.07	84.22
15	福建	39.84	2.92	87.14
16	内蒙古	36.50	2.68	89.81
17	重庆	28.68	2.10	91.91
18	云南	16.95	1.24	93.16
19	广西	14.38	1.05	94.21
20	贵州	12.79	0.94	95.15
21	辽宁	11.29	0.83	95.97
22	天津	9.72	0.71	96.69
23	吉林	9.68	0.71	97.39
24	甘肃	9.52	0.70	98.09
25	山西	9.44	0.69	98.79
26	海南	5.28	0.39	99.17
27	黑龙江	4.96	0.36	99.54
28	新疆	3.52	0.26	99.80
29	西藏	1.26	0.09	99.89
30	宁夏	1.13	0.08	99.97
31	兵团	0.23	0.02	99.99
32	青海	0.17	0.01	100.00
—	合计	1364.15	100.00	—
—	平均	41.34	—	—

表16 资产总额在各地区的分布

单位：亿元，%

排名	地区	资产总额	在全国所占比重 比重	在全国所占比重 累计比重
1	广东	2674.59	12.12	12.12
2	浙江	2281.33	10.34	22.46
3	北京	2238.01	10.14	32.60
4	江苏	1768.00	8.01	40.61
5	山东	1639.06	7.42	48.03
6	上海	1482.68	6.72	54.75
7	河北	950.34	4.31	59.06
8	四川	948.94	4.30	63.36
9	福建	912.77	4.13	67.49
10	安徽	875.65	3.97	71.46
11	湖北	817.51	3.70	75.16
12	江西	801.28	3.63	78.79
13	河南	643.68	2.92	81.71
14	湖南	584.77	2.65	84.36
15	天津	406.74	1.84	86.20
16	重庆	404.40	1.83	88.03
17	陕西	385.44	1.75	89.78
18	广西	308.12	1.40	91.18
19	云南	297.37	1.35	92.53
20	吉林	249.74	1.13	93.66
21	贵州	247.16	1.12	94.78
22	辽宁	234.86	1.06	95.84
23	黑龙江	208.18	0.94	96.78
24	山西	191.50	0.87	97.65
25	甘肃	152.45	0.69	98.34
26	内蒙古	114.83	0.52	98.86
27	新疆	89.85	0.41	99.27
28	海南	81.56	0.37	99.64
29	宁夏	41.04	0.19	99.83
30	青海	18.55	0.08	99.91
31	西藏	16.28	0.07	99.98
32	兵团	3.63	0.02	100.00
—	合计	22070.33	100.00	—
—	平均	668.80	—	—

表17 所有者权益（净资产）在各地区的分布

单位：亿元，%

排名	地区	所有者权益（净资产）	在全国所占比重 比重	在全国所占比重 累计比重
1	广东	1421.46	12.64	12.64
2	北京	1297.28	11.54	24.18
3	浙江	1113.44	9.90	34.08
4	江苏	848.66	7.54	41.62
5	上海	818.51	7.28	48.90
6	山东	771.28	6.86	55.76
7	四川	509.33	4.53	60.29
8	江西	479.97	4.27	64.56
9	福建	457.45	4.07	68.63
10	河北	454.88	4.04	72.67
11	安徽	442.63	3.94	76.61
12	湖北	397.66	3.54	80.15
13	河南	334.37	2.97	83.12
14	湖南	317.94	2.83	85.95
15	陕西	186.00	1.65	87.60
16	重庆	177.63	1.58	89.18
17	云南	163.36	1.45	90.63
18	广西	155.04	1.38	92.01
19	天津	138.69	1.23	93.24
20	吉林	122.35	1.09	94.33
21	黑龙江	97.03	0.86	95.19
22	贵州	91.54	0.81	96.00
23	辽宁	88.52	0.79	96.79
24	甘肃	84.23	0.75	97.54
25	山西	83.01	0.74	98.28
26	内蒙古	59.20	0.53	98.81
27	新疆	47.28	0.42	99.23
28	海南	46.59	0.41	99.64
29	宁夏	20.98	0.19	99.83
30	西藏	9.70	0.09	99.92
31	青海	6.65	0.06	99.98
32	兵团	2.81	0.02	100.00
—	合计	11245.45	100.00	—
—	平均	340.77	—	—

表 18　在中国内地上市的出版发行和印刷公司 2016 年基本情况一览表（一）

单位：万元

代码	上市公司	股票简称	业务内容	上市地与股票类型	总资产	所有者权益	营业收入	利润总额
601928	江苏凤凰出版传媒股份有限公司	凤凰传媒	出版发行	上证 A 股	1931814.73	1233442.18	1054650.58	122915.30
601098	中南出版传媒集团股份有限公司	中南传媒	出版发行	上证 A 股	1861874.81	1330017.82	1110452.00	193309.68
601999	北方联合出版传媒(集团)股份有限公司	出版传媒	出版	上证 A 股	306842.16	193543.76	163925.49	12708.36
600373	中文天地出版传媒股份有限公司	中文传媒	出版发行	上证 A 股	1885179.96	1120910.04	1277583.76	136987.16
600757	长江出版传媒股份有限公司	长江传媒	出版发行	上证 A 股	974674.21	565137.98	1378940.04	61428.70
600551	时代出版传媒股份有限公司	时代出版	出版	上证 A 股	764983.04	522914.52	676660.59	41289.53
000719	中原大地传媒股份有限公司	大地传媒	出版发行	深证 A 股	1014831.48	668574.98	788967.92	69708.79
603999	读者出版传媒股份有限公司	读者传媒	出版	上证 A 股	193728.47	169588.22	75,087.76	8215.84
600229	青岛城市传媒股份有限公司	城市传媒	出版发行	上证 A 股	289183.91	215933.32	177388.19	28191.73
601900	南方出版传媒股份有限公司	南方传媒	出版	上证 A 股	860900.33	441166.19	491785.66	50455.03
000793	华闻传媒投资集团股份有限公司	华闻传媒	报业	深证 A 股	1340268.95	999399.27	457142.67	123461.77
600880	成都博瑞传播股份有限公司	博瑞传播	报业	上证 A 股	434226.52	384232.04	96897.75	9414.26
600633	浙报传媒集团股份有限公司	浙报传媒	报业	上证 A 股	931954.38	767709.08	354993.18	108991.40
002181	广东广州日报传媒股份有限公司	粤传媒	报业	深证 A 股	469000.75	379756.85	102082.96	18495.80
000607	浙江华媒控股股份有限公司	华媒控股	发行	深证 A 股	296303.56	199582.49	182433.14	29512.84
600825	上海新华传媒股份有限公司	新华传媒	发行	上证 A 股	394893.12	259765.12	152457.34	4865.36
000529	广东广弘控股股份有限公司	广弘控股	发行	深证 A 股	158804.31	124704.89	206749.82	14761.00
601801	安徽新华传媒股份有限公司	皖新传媒	发行	上证 A 股	1101359.86	872060.11	759353.22	109142.83
300148	湖南天舟科教文化股份有限公司	天舟文化	发行	深圳创业板	494485.14	443683.44	77993.96	30279.11

续表

代码	上市公司	股票简称	业务内容	上市地与股票类型	总资产	所有者权益	营业收入	利润总额
601811	四川新华文轩出版传媒股份有限公司	新华文轩	发行	上证A股	1225517.66	829447.74	635616.81	63571.61
002450	北京康得新复合材料股份有限公司	康得新	印刷	深证A股	2642513.67	1560244.11	923274.94	230230.22
002191	深圳劲嘉彩印集团股份有限公司	劲嘉股份	印刷	深证A股	668067.71	481170.50	277695.48	72693.08
600210	上海紫江企业集团股份有限公司	紫江企业	印刷	上证A股	1083281.40	450329.89	835601.07	32071.79
000659	珠海中富实业股份有限公司	*ST中富	印刷	深证A股	261741.51	46955.14	161956.84	-57294.60
002014	黄山永新股份有限公司	永新股份	印刷	深证A股	227692.50	175575.59	190419.38	24315.61
600836	上海界龙实业集团股份有限公司	界龙实业	印刷	上证A股	340428.36	91403.40	173309.22	368.79
002117	东港安全印刷股份有限公司	东港股份	印刷	深证A股	220909.74	159227.77	149136.44	27891.63
000812	陕西金叶科教集团股份有限公司	陕西金叶	印刷	深证A股	179562.80	113409.68	99384.29	7486.50
002229	福建鸿博印刷股份有限公司	鸿博股份	印刷	深证A股	243370.95	183222.94	84637.66	6523.68
002599	北京盛通印刷股份有限公司	盛通股份	印刷	深证A股	139318.41	68754.28	84344.86	4399.33
300364	中文在线数字出版集团股份有限公司	中文在线	新媒体	深证A股	285265.60	254485.09	60151.56	5337.60
300315	北京掌趣科技股份有限公司	掌趣科技	新媒体	深证A股	1040141.63	847821.96	185468.78	56922.19
300418	北京昆仑万维科技股份有限公司	昆仑万维	新媒体	深证A股	630605.05	318,103.75	242467.06	56939.48

表19 在中国内地上市的出版发行和印刷公司2016年基本情况一览表（二）

单位：元/股，%

代码	上市公司	股票简称	业务内容	上市地与股票类型	基本每股收益（元/股）	总资产利润率	平均净资产收益率	资产负债率
601928	江苏凤凰出版传媒股份有限公司	凤凰传媒	出版发行	上证A股	0.46	6.36	10.21	36.15
601098	中南出版传媒集团股份有限公司	中南传媒	出版发行	上证A股	1.00	10.38	15.02	28.57
601999	北方联合出版传媒（集团）股份有限公司	出版传媒	出版	上证A股	0.22	4.14	6.40	36.92
600373	中文天地出版传媒股份有限公司	中文传媒	出版发行	上证A股	0.94	7.27	11.91	40.54
600757	长江出版传媒股份有限公司	长江传媒	出版发行	上证A股	0.49	6.30	11.18	42.02
600551	时代出版传媒股份有限公司	时代出版	出版	上证A股	0.80	5.40	8.49	31.64
000719	中原大地传媒股份有限公司	大地传媒	出版发行	深证A股	0.66	6.87	10.49	34.12
603999	读者出版传媒股份有限公司	读者传媒	出版	上证A股	0.29	4.24	4.80	12.46
600229	青岛城市传媒股份有限公司	城市传媒	出版发行	上证A股	0.39	9.75	13.59	25.33
601900	南方出版传媒股份有限公司	南方传媒	出版	上证A股	0.53	5.86	13.41	48.76
000793	华闻传媒投资集团股份有限公司	华闻传媒	报业	深证A股	0.43	9.21	10.70	25.43
600880	成都博瑞传播股份有限公司	博瑞传播	报业	上证A股	0.06	2.17	1.42	11.51
600633	浙报传媒集团股份有限公司	浙报传媒	报业	上证A股	0.51	11.69	15.59	17.62
002181	广东广州日报传媒股份有限公司	粤传媒	报业	深证A股	0.16	3.94	5.03	19.03
000607	浙江华媒控股股份有限公司	华媒控股	报业	深证A股	0.22	9.96	15.30	32.64
600825	上海新华传媒股份有限公司	新华传媒	发行	上证A股	0.05	1.23	1.57	34.22
000529	广东广弘控股股份有限公司	广弘控股	发行	深证A股	0.18	9.30	8.94	21.47
601801	安徽新华传媒股份有限公司	皖新传媒	发行	上证A股	0.56	9.91	14.75	20.82
300148	湖南天舟科教文化股份有限公司	天舟文化	发行	深圳创业板	0.44	6.12	8.04	10.27

续表

代码	上市公司	股票简称	业务内容	上市地与股票类型	基本每股收益（元/股）	总资产利润率	平均净资产收益率	资产负债率
601811	四川新华文轩出版传媒股份有限公司	新华文轩	发行	上证A股	0.55	5.19	8.11	32.32
002450	北京康得新复合材料股份有限公司	康得新	印刷	深证A股	0.60	8.71	15.75	40.96
002191	深圳劲嘉彩印集团股份有限公司	劲嘉股份	印刷	深证A股	0.44	10.88	13.89	27.98
600210	上海紫江企业集团股份有限公司	紫江企业	印刷	上证A股	0.15	2.96	5.33	58.43
000659	珠海中富实业股份有限公司	*ST中富	印刷	深证A股	-0.45	-21.89	-77.37	82.06
002014	黄山永新股份有限公司	永新股份	印刷	深证A股	0.60	10.68%	12.08	22.89
600836	上海界龙实业集团股份有限公司	界龙实业	印刷	上证A股	-0.02	0.11	-1.50	73.15
002117	东港安全印刷股份有限公司	东港股份	印刷	深证A股	0.60	12.63	15.42	27.92
000812	陕西金叶科教集团股份有限公司	陕西金叶	印刷	深证A股	0.08	4.17	5.13	36.84
002229	福建鸿博印刷股份有限公司	鸿博股份	印刷	深证A股	0.04	2.68	2.85	24.71
002599	北京盛通印刷股份有限公司	盛通股份	印刷	深证A股	0.27	3.16	5.48	50.65
300364	中文在线数字出版集团股份有限公司	中文在线	新媒体	深证A股	0.14	1.87	2.40	10.79
300315	北京掌趣科技股份有限公司	掌趣科技	新媒体	深证A股	0.18	5.47	7.48	18.49
300418	北京昆仑万维科技股份有限公司	昆仑万维	新媒体	深证A股	0.47	9.03	18.61	49.56

表20 在中国内地上市的出版发行和印刷公司2016年12月31日流通股市值表

单位：元/股，亿股，亿元

代码	上市公司	股票简称	业务内容	上市地和股票类型	当日收盘价	流通股数量	流通股市值
601928	江苏凤凰出版传媒股份有限公司	凤凰传媒	出版发行	上证A股	10.47	25.45	266.45
601098	中南出版传媒集团股份有限公司	中南传媒	出版发行	上证A股	16.66	17.96	299.21
601999	北方联合出版传媒（集团）股份有限公司	出版传媒	出版	上证A股	11.22	5.51	61.81
600373	中文天地出版传媒股份有限公司	中文传媒	出版发行	上证A股	20.20	12.64	255.31
600757	长江出版传媒股份有限公司	长江传媒	出版发行	上证A股	8.31	12.13	100.84
600551	时代出版传媒股份有限公司	时代出版	出版	上证A股	20.32	5.06	102.78
000719	中原大地传媒股份有限公司	大地传媒	出版发行	深证A股	11.51	6.67	76.79
603999	读者出版传媒股份有限公司	读者传媒	出版	上证A股	29.32	1.15	33.78
600229	青岛城市传媒股份有限公司	城市传媒	出版发行	上证A股	11.38	4.30	48.91
601900	南方出版传媒股份有限公司	南方传媒	出版	上证A股	15.63	1.69	26.43
000793	华闻传媒投资集团股份有限公司	华闻传媒	报业	深证A股	11.29	18.27	206.32
600880	成都博瑞传播股份有限公司	博瑞传播	报业	上证A股	8.76	7.33	64.24
600633	浙报传媒集团股份有限公司	浙报传媒	报业	上证A股	17.66	11.88	209.85
002181	广东广州日报传媒股份有限公司	粤传媒	报业	深证A股	7.88	11.41	89.90
000607	浙江华媒控股股份有限公司	华媒控股	报业	深证A股	11.82	4.87	57.60
600825	上海新华传媒股份有限公司	新华传媒	发行	上证A股	8.69	10.45	90.80
000529	广东广弘控股股份有限公司	广弘控股	发行	深证A股	11.80	5.67	66.93
601801	安徽新华传媒股份有限公司	皖新传媒	发行	上证A股	17.57	18.20	319.77
300148	湖南天舟科教文化股份有限公司	天舟文化	发行	深圳创业板	20.86	5.06	105.52

续表

代码	上市公司	股票简称	业务内容	上市地和股票类型	当日收盘价	流通股数量	流通股市值
601811	四川新华文轩出版传媒股份有限公司	新华文轩	发行	上证A股	22.23	0.99	21.94
002450	北京康得新复合材料股份有限公司	康得新	印刷	深证A股	19.11	28.80	550.44
002191	深圳劲嘉彩印集团股份有限公司	劲嘉股份	印刷	深证A股	10.41	13.02	135.56
600210	上海紫江企业集团股份有限公司	紫江企业	印刷	上证A股	5.41	14.37	77.73
000659	珠海中富实业股份有限公司	*ST中富	印刷	深证A股	6.96	12.86	89.48
002014	黄山永新股份有限公司	永新股份	印刷	深证A股	16.00	2.30	36.85
600836	上海界龙实业集团股份有限公司	界龙实业	印刷	上证A股	8.65	6.53	56.49
002117	东港安全印刷股份有限公司	东港股份	印刷	深证A股	29.95	3.64	108.92
000812	陕西金叶科教集团股份有限公司	陕西金叶	印刷	深证A股	12.48	4.46	55.70
002229	福建鸿博印刷股份有限公司	鸿博股份	印刷	深证A股	23.54	2.11	49.58
002599	北京盛通印刷股份有限公司	盛通股份	印刷	深证A股	39.49	0.91	35.99
300364	中文在线数字出版集团股份有限公司	中文在线	新媒体	深证A股	39.52	1.33	52.75
300315	北京掌趣科技股份有限公司	掌趣科技	新媒体	深证A股	9.24	19.36	178.92
300418	北京昆仑万维科技股份有限公司	昆仑万维	新媒体	深证A股	21.60	4.44	95.95
—	合计	—	—	—	—	300.84	4029.57

表21 在中国香港上市的出版发行和印刷公司2016年12月31日流通市值表

单位:港元/股,亿股,亿元

代码	上市公司	股票代码	业务内容	上市地点	当日收盘价	流通股数量	流通市值 港币	流通市值 人民币
HK0205	财讯传媒集团有限公司	财讯传媒	期刊	香港联交所	0.127	63.735	8.09	7.24
HK0072	现代传播控股有限公司	现代传播	报业	香港联交所	0.980	4.384	4.30	3.84
HK1000	北青传媒股份有限公司	北青传媒	报业	香港联交所	3.800	0.549	2.09	1.87
HK0811	四川新华文轩出版传媒股份有限公司	新华文轩	发行	香港联交所	7.230	4.419	31.95	28.58
—	合计	—	—	—	—	73.09	46.43	41.53

表22 出版发行和印刷上市公司流通市值排名（以2016年12月31日收盘价计算）

单位：亿元人民币

排名	上市公司	股票简称	业务内容	上市地点	流通市值
1	北京康得新复合材料股份有限公司	康得新	印刷	深证A股	550.44
2	安徽新华传媒集团股份有限公司	皖新传媒	发行	上证A股	319.77
3	中南出版传媒集团股份有限公司	中南传媒	出版发行	上证A股	299.21
4	江苏凤凰出版传媒股份有限公司	凤凰传媒	出版发行	上证A股	266.45
5	中文天地出版传媒股份有限公司	中文传媒	出版发行	上证A股	255.31
6	浙报传媒集团股份有限公司	浙报传媒	报业	上证A股	209.85
7	华闻传媒投资集团股份有限公司	华闻传媒	报业	深证A股	206.32
8	北京掌趣科技股份有限公司	掌趣科技	新媒体	深证A股	178.92
9	深圳劲嘉彩印集团股份有限公司	劲嘉股份	印刷	深证A股	135.56
10	东港安全印刷股份有限公司	东港股份	印刷	深证A股	108.92
11	湖南天舟科教文化股份有限公司	天舟文化	发行	深圳创业板	105.52
12	时代出版传媒股份有限公司	时代出版	出版	上证A股	102.78
13	长江出版传媒股份有限公司	长江传媒	出版发行	上证A股	100.84
14	北京昆仑万维科技股份有限公司	昆仑万维	新媒体	深证A股	95.95
15	上海新华传媒股份有限公司	新华传媒	发行	上证A股	90.80
16	广东广州日报传媒股份有限公司	粤传媒	报业	上证A股	89.90
17	珠海中富实业股份有限公司	*ST中富	印刷	深证A股	89.48
18	上海紫江企业集团股份有限公司	紫江企业	印刷	上证A股	77.73
19	中原大地传媒股份有限公司	大地传媒	出版发行	深证A股	76.79
20	广东广弘控股股份有限公司	广弘控股	发行	深证A股	66.93

续表

排名	上市公司	股票简称	业务内容	上市地点	流通市值
21	成都博瑞传播股份有限公司	博瑞传播	报业	上证A股	64.24
22	北方联合出版传媒(集团)股份有限公司	出版传媒	出版	上证A股	61.81
23	浙江华媒控股股份有限公司	华媒控股	报业	深证A股	57.60
24	上海界龙实业集团股份有限公司	界龙实业	印刷	上证A股	56.49
25	陕西金叶科教集团股份有限公司	陕西金叶	印刷	深证A股	55.70
26	中文在线数字出版集团股份有限公司	中文在线	新媒体	深证A股	52.75
27	福建鸿博印刷股份有限公司	鸿博股份	印刷	深证A股	49.58
28	青岛城市传媒股份有限公司	城市传媒	出版发行	上证A股	48.91
29	黄山永新股份有限公司	永新股份	印刷	深证A股	36.85
30	北京盛通印刷股份有限公司	盛通股份	印刷	深证A股	35.99
31	读者出版传媒股份有限公司	读者传媒	出版	上证A股	33.78
32	四川新华文轩出版传媒股份有限公司	新华文轩	发行	香港联交所	28.58
33	南方出版传媒股份有限公司	南方传媒	出版	上证A股	26.43
34	四川新华文轩出版传媒股份有限公司	新华文轩	发行	上证A股	21.94
35	财讯传媒集团有限公司	财讯传媒	期刊	香港联交所	7.24
36	现代传播控股有限公司	现代传播	报业	香港联交所	3.84
37	北青传媒股份有限公司	北青传媒	报业	香港联交所	1.87
—	合计	—	—	—	4071.09

表 23 在中国内地上市的出版发行和印刷公司 2016 年 12 月 31 日总市值表

单位：元/股，亿股，亿元

代码	上市公司	股票简称	业务内容	上市地和股票类型	当日收盘价	总股本	总市值
601928	江苏凤凰出版传媒股份有限公司	凤凰传媒	出版发行	上证 A 股	10.47	25.45	266.45
601098	中南出版传媒集团股份有限公司	中南传媒	出版发行	上证 A 股	16.66	17.96	299.21
601999	北方联合出版传媒（集团）股份有限公司	出版传媒	出版	上证 A 股	11.22	5.51	61.81
600373	中文天地出版传媒股份有限公司	中文传媒	出版发行	上证 A 股	20.20	13.78	278.34
600757	长江出版传媒股份有限公司	长江传媒	出版发行	上证 A 股	8.31	12.14	100.85
600551	时代出版传媒股份有限公司	时代出版	出版	上证 A 股	20.32	5.06	102.78
000719	中原大地传媒股份有限公司	大地传媒	出版发行	深证 A 股	11.51	10.23	117.77
603999	读者出版传媒股份有限公司	读者传媒	出版	上证 A 股	29.32	2.88	84.44
600229	青岛城市传媒股份有限公司	城市传媒	出版发行	上证 A 股	11.38	7.02	79.90
601900	南方出版传媒股份有限公司	南方传媒	出版	上证 A 股	15.63	8.19	128.03
000793	华闻传媒投资集团股份有限公司	华闻传媒	报业	深证 A 股	11.29	20.17	227.76
600880	成都博瑞传播股份有限公司	博瑞传播	报业	上证 A 股	8.76	10.93	95.78
600633	浙报传媒集团股份有限公司	浙报传媒	报业	上证 A 股	17.66	13.02	229.92
002181	广东广州日报传媒股份有限公司	粤传媒	报业	深证 A 股	7.88	11.61	91.49
000607	浙江华媒控股股份有限公司	华媒控股	发行	深证 A 股	11.82	10.18	120.29
600825	上海新华传媒股份有限公司	新华传媒	发行	上证 A 股	8.69	10.45	90.80
000529	广东广弘控股股份有限公司	广弘控股	发行	深证 A 股	11.80	5.84	68.89
601801	安徽新华传媒股份有限公司	皖新传媒	发行	上证 A 股	17.57	19.89	349.50
300148	湖南天舟科教文化股份有限公司	天舟文化	发行	深圳创业板	20.86	6.50	135.58

续表

代码	上市公司	股票简称	业务内容	上市地和股票类型	当日收盘价	总股本	总市值
601811	四川新华文轩出版传媒股份有限公司	新华文轩	发行	上证A股	22.23	7.92	176.04
002450	北京康得新复合材料股份有限公司	康得新	印刷	深证A股	19.11	35.29	674.35
002191	深圳劲嘉彩印集团股份有限公司	劲嘉股份	印刷	深证A股	10.41	13.15	136.94
600210	上海紫江企业集团股份有限公司	紫江企业	印刷	上证A股	5.41	15.17	82.06
000659	珠海中富实业股份有限公司	*ST中富	印刷	深证A股	6.96	12.86	89.48
002014	黄山永新股份有限公司	永新股份	印刷	深证A股	16.00	3.36	53.72
600836	上海界龙实业集团股份有限公司	界龙实业	印刷	上证A股	8.65	6.63	57.33
002117	东港安全印刷股份有限公司	东港股份	印刷	深证A股	29.95	3.64	108.95
000812	陕西金叶科教集团股份有限公司	陕西金叶	印刷	深证A股	12.48	4.47	55.83
002229	福建鸿博印刷股份有限公司	鸿博股份	印刷	深证A股	23.54	3.33	78.43
002599	北京盛通印刷股份有限公司	盛通股份	印刷	深证A股	39.49	1.35	53.31
300364	中文在线数字出版集团股份有限公司	中文在线	新媒体	深证A股	39.52	2.85	112.59
300315	北京掌趣科技股份有限公司	掌趣科技	新媒体	深证A股	9.24	27.71	256.03
300418	北京昆仑万维科技股份有限公司	昆仑万维	新媒体	深证A股	21.60	11.27	243.46
—	合计	—	—	—	—	365.80	5108.14

表24　在中国内地上市的出版发行和印刷公司总市值排名
（以 2016 年 12 月 31 日收盘价计算）

单位：亿元

排名	上市公司	股票简称	业务内容	上市地点	总市值
1	北京康得新复合材料股份有限公司	康得新	印刷	深证 A 股	674.35
2	安徽新华传媒股份有限公司	皖新传媒	发行	上证 A 股	349.50
3	中南出版传媒集团股份有限公司	中南传媒	出版发行	上证 A 股	299.21
4	中文天地出版传媒股份有限公司	中文传媒	出版发行	上证 A 股	278.34
5	江苏凤凰出版传媒股份有限公司	凤凰传媒	出版发行	上证 A 股	266.45
6	北京掌趣科技股份有限公司	掌趣科技	新媒体	深证 A 股	256.03
7	北京昆仑万维科技股份有限公司	昆仑万维	新媒体	深证 A 股	243.46
8	浙报传媒集团股份有限公司	浙报传媒	报业	上证 A 股	229.92
9	华闻传媒投资集团股份有限公司	华闻传媒	报业	深证 A 股	227.76
10	四川新华文轩出版传媒股份有限公司	新华文轩	发行	上证 A 股	176.04
11	深圳劲嘉彩印集团股份有限公司	劲嘉股份	印刷	深证 A 股	136.94
12	湖南天舟科教文化股份有限公司	天舟文化	发行	深圳创业板	135.58
13	南方出版传媒股份有限公司	南方传媒	出版	上证 A 股	128.03
14	浙江华媒控股股份有限公司	华媒控股	报业	深证 A 股	120.29
15	中原大地传媒股份有限公司	大地传媒	出版发行	深证 A 股	117.77
16	中文在线数字出版集团股份有限公司	中文在线	新媒体	深证 A 股	112.59
17	东港安全印刷股份有限公司	东港股份	印刷	深证 A 股	108.95
18	时代出版传媒股份有限公司	时代出版	出版	上证 A 股	102.78
19	长江出版传媒股份有限公司	长江传媒	出版发行	上证 A 股	100.85
20	成都博瑞传播股份有限公司	博瑞传播	报业	上证 A 股	95.78
21	广东广州日报传媒股份有限公司	粤传媒	报业	深证 A 股	91.49
22	上海新华传媒股份有限公司	新华传媒	发行	上证 A 股	90.80
23	珠海中富实业股份有限公司	*ST 中富	印刷	深证 A 股	89.48
24	读者出版传媒股份有限公司	读者传媒	出版	上证 A 股	84.44
25	上海紫江企业集团股份有限公司	紫江企业	印刷	上证 A 股	82.06
26	青岛城市传媒股份有限公司	城市传媒	出版发行	上证 A 股	79.90
27	福建鸿博印刷股份有限公司	鸿博股份	印刷	深证 A 股	78.43
28	广东广弘控股股份有限公司	广弘控股	发行	深证 A 股	68.89
29	北方联合出版传媒（集团）股份有限公司	出版传媒	出版	上证 A 股	61.81
30	上海界龙实业集团股份有限公司	界龙实业	印刷	上证 A 股	57.33
31	陕西金叶科教集团股份有限公司	陕西金叶	印刷	深证 A 股	55.83
32	黄山永新股份有限公司	永新股份	印刷	深证 A 股	53.72
33	北京盛通印刷股份有限公司	盛通股份	印刷	深证 A 股	53.31
—	合计	—	—	—	5108.14

表25 在中国内地上市的出版发行和印刷公司营业收入排名

单位：亿元

排名	上市公司	股票简称	业务内容	上市地点	营业收入
1	长江出版传媒股份有限公司	长江传媒	出版发行	上证A股	137.89
2	中文天地出版传媒股份有限公司	中文传媒	出版发行	上证A股	127.76
3	中南出版传媒集团股份有限公司	中南传媒	出版发行	上证A股	111.05
4	江苏凤凰出版传媒股份有限公司	凤凰传媒	出版发行	上证A股	105.47
5	北京康得新复合材料股份有限公司	康得新	印刷	深证A股	92.33
6	上海紫江企业集团股份有限公司	紫江企业	印刷	上证A股	83.56
7	中原大地传媒股份有限公司	大地传媒	出版发行	深证A股	78.90
8	安徽新华传媒股份有限公司	皖新传媒	发行	上证A股	75.94
9	时代出版传媒股份有限公司	时代出版	出版	上证A股	67.67
10	四川新华文轩出版传媒股份有限公司	新华文轩	发行	上证A股	63.56
11	南方出版传媒股份有限公司	南方传媒	出版	上证A股	49.18
12	华闻传媒投资集团股份有限公司	华闻传媒	报业	深证A股	45.71
13	浙报传媒集团股份有限公司	浙报传媒	报业	上证A股	35.50
14	深圳劲嘉彩印集团股份有限公司	劲嘉股份	印刷	深证A股	27.77
15	北京昆仑万维科技股份有限公司	昆仑万维	新媒体	深证A股	24.25
16	广东广弘控股股份有限公司	广弘控股	发行	深证A股	20.67
17	黄山永新股份有限公司	永新股份	印刷	深证A股	19.04
18	北京掌趣科技股份有限公司	掌趣科技	新媒体	深证A股	18.55
19	浙江华媒控股股份有限公司	华媒控股	报业	深证A股	18.24
20	青岛城市传媒股份有限公司	城市传媒	出版发行	上证A股	17.74
21	上海界龙实业集团股份有限公司	界龙实业	印刷	上证A股	17.33
22	北方联合出版传媒（集团）股份有限公司	出版传媒	出版	上证A股	16.39
23	珠海中富实业股份有限公司	*ST中富	印刷	深证A股	16.20
24	上海新华传媒股份有限公司	新华传媒	发行	上证A股	15.25
25	东港安全印刷股份有限公司	东港股份	印刷	深证A股	14.91
26	广东广州日报传媒股份有限公司	粤传媒	报业	深证A股	10.21
27	陕西金叶科教集团股份有限公司	陕西金叶	印刷	深证A股	9.94
28	成都博瑞传播股份有限公司	博瑞传播	报业	上证A股	9.69
29	福建鸿博印刷股份有限公司	鸿博股份	印刷	深证A股	8.46
30	北京盛通印刷股份有限公司	盛通股份	印刷	深证A股	8.43
31	湖南天舟科教文化股份有限公司	天舟文化	发行	深圳创业板	7.80
32	读者出版传媒股份有限公司	读者传媒	出版	上证A股	7.51
33	中文在线数字出版集团股份有限公司	中文在线	新媒体	深证A股	6.02
—	合计	—	—	—	1368.90

表26 在中国内地上市的出版发行和印刷公司利润总额排名

单位：亿元

排名	公司名称	股票简称	业务内容	上市地点	利润总额
1	江苏凤凰出版传媒股份有限公司	凤凰传媒	出版发行	上证A股	12.29
2	中南出版传媒集团股份有限公司	中南传媒	出版发行	上证A股	19.33
3	北方联合出版传媒（集团）股份有限公司	出版传媒	出版	上证A股	1.27
4	中文天地出版传媒股份有限公司	中文传媒	出版发行	上证A股	13.70
5	长江出版传媒股份有限公司	长江传媒	出版发行	上证A股	6.14
6	时代出版传媒股份有限公司	时代出版	出版	上证A股	4.13
7	中原大地传媒股份有限公司	大地传媒	出版发行	深证A股	6.97
8	读者出版传媒股份有限公司	读者传媒	出版	上证A股	0.82
9	青岛城市传媒股份有限公司	城市传媒	出版发行	上证A股	2.82
10	南方出版传媒股份有限公司	南方传媒	出版	上证A股	5.05
11	华闻传媒投资集团股份有限公司	华闻传媒	报业	深证A股	12.35
12	成都博瑞传播股份有限公司	博瑞传播	报业	上证A股	0.94
13	浙报传媒集团股份有限公司	浙报传媒	报业	上证A股	10.90
14	广东广州日报传媒股份有限公司	粤传媒	报业	深证A股	1.85
15	浙江华媒控股股份有限公司	华媒控股	报业	深证A股	2.95
16	上海新华传媒股份有限公司	新华传媒	发行	上证A股	0.49
17	广东广弘控股股份有限公司	广弘控股	发行	深证A股	1.48
18	安徽新华传媒股份有限公司	皖新传媒	发行	上证A股	10.91
19	湖南天舟科教文化股份有限公司	天舟文化	发行	深圳创业板	3.03
20	四川新华文轩出版传媒股份有限公司	新华文轩	发行	上证A股	6.36
21	北京康得新复合材料股份有限公司	康得新	印刷	深证A股	23.02
22	深圳劲嘉彩印集团股份有限公司	劲嘉股份	印刷	深证A股	7.27
23	上海紫江企业集团股份有限公司	紫江企业	印刷	上证A股	3.21
24	珠海中富实业股份有限公司	*ST中富	印刷	深证A股	-5.73
25	黄山永新股份有限公司	永新股份	印刷	深证A股	2.43
26	上海界龙实业集团股份有限公司	界龙实业	印刷	上证A股	0.04
27	东港安全印刷股份有限公司	东港股份	印刷	深证A股	2.79
28	陕西金叶科教集团股份有限公司	陕西金叶	印刷	深证A股	0.75
29	福建鸿博印刷股份有限公司	鸿博股份	印刷	深证A股	0.65
30	北京盛通印刷股份有限公司	盛通股份	印刷	深证A股	0.44
31	中文在线数字出版集团股份有限公司	中文在线	新媒体	深证A股	0.53
32	北京掌趣科技股份有限公司	掌趣科技	新媒体	深证A股	5.69
33	北京昆仑万维科技股份有限公司	昆仑万维	新媒体	深证A股	5.69
—	合计	—	—	—	170.56

表27 在中国内地上市的出版发行和印刷公司平均净资产收益率排名

单位:%

排名	上市公司	股票简称	业务内容	上市地点	平均净资产收益率
1	北京昆仑万维科技股份有限公司	昆仑万维	新媒体	深证A股	18.61
2	北京康得新复合材料股份有限公司	康得新	印刷	深证A股	15.75
3	浙报传媒集团股份有限公司	浙报传媒	报业	上证A股	15.59
4	东港安全印刷股份有限公司	东港股份	印刷	深证A股	15.42
5	浙江华媒控股股份有限公司	华媒控股	报业	深证A股	15.30
6	中南出版传媒集团股份有限公司	中南传媒	出版发行	上证A股	15.02
7	安徽新华传媒股份有限公司	皖新传媒	发行	上证A股	14.75
8	深圳劲嘉彩印集团股份有限公司	劲嘉股份	印刷	深证A股	13.89
9	青岛城市传媒股份有限公司	城市传媒	出版发行	上证A股	13.59
10	南方出版传媒股份有限公司	南方传媒	出版发行	上证A股	13.41
11	黄山永新股份有限公司	永新股份	印刷	深证A股	12.08
12	中文天地出版传媒股份有限公司	中文传媒	出版发行	上证A股	11.91
13	长江出版传媒股份有限公司	长江传媒	出版发行	上证A股	11.18
14	华闻传媒投资集团股份有限公司	华闻传媒	报业	深证A股	10.70
15	中原大地传媒股份有限公司	大地传媒	出版发行	深证A股	10.49
16	江苏凤凰出版传媒股份有限公司	凤凰传媒	出版发行	上证A股	10.21
17	广东广弘控股股份有限公司	广弘控股	发行	深证A股	8.94
18	时代出版传媒股份有限公司	时代出版	出版	上证A股	8.49
19	新华文轩出版传媒股份有限公司	新华文轩	发行	上证A股	8.11
20	天舟文化股份有限公司	天舟文化	发行	深圳创业板	8.04
21	北京掌趣科技股份有限公司	掌趣科技	新媒体	深证A股	7.48
22	北方联合出版传媒(集团)股份有限公司	出版传媒	出版发行	上证A股	6.40
23	北京盛通印刷股份有限公司	盛通股份	印刷	深证A股	5.48
24	上海紫江企业集团股份有限公司	紫江企业	印刷	上证A股	5.33
25	陕西金叶科教集团股份有限公司	陕西金叶	印刷	深证A股	5.13
26	广东广州日报传媒股份有限公司	粤传媒	报业	深证A股	5.03
27	读者出版传媒股份有限公司	读者传媒	出版	上证A股	4.80
28	福建鸿博印刷股份有限公司	鸿博股份	印刷	深证A股	2.85
29	中文在线数字出版集团股份有限公司	中文在线	新媒体	深证A股	2.40
30	上海新华传媒股份有限公司	新华传媒	发行	上证A股	1.57
31	成都博瑞传播股份有限公司	博瑞传播	报业	深证A股	1.42
32	上海界龙实业集团股份有限公司	界龙实业	印刷	上证A股	-1.50
33	珠海中富实业股份有限公司	珠海中富	印刷	深证A股	-77.37